Judith Hanson Lasater & Ike K. Lasater
Weil Worte wirken ...
Gewaltfreie Kommunikation praktisch anwenden

Ausführliche Informationen zu jedem unserer lieferbaren und geplanten Bücher finden Sie im Internet unter www.junfermann.de. Dort können Sie auch unseren Newsletter abonnieren und sicherstellen, dass Sie alles Wissenswerte über das JUNFERMANN-Programm regelmäßig und aktuell erfahren.

Besuchen Sie auch unsere e-Publishing-Plattform www.active-books.de.

Judith Hanson Lasater & Ike K. Lasater

Weil Worte wirken ...

Gewaltfreie Kommunikation praktisch anwenden

Aus dem Amerikanischen von Dagmar Mallett

Junfermann Verlag • Paderborn
2011

Bibliografische Information der Deutschen Bibliothek
Die Deutsche Bibliothek verzeichnet diese Publikation in der Deutschen Nationalbibliografie; detaillierte bibliografische Daten sind im Internet über http://dnb.ddb.de abrufbar.

ISBN 978-3-87387-771-9

Inhalt

Danksagung 8

Einführung: Warum wir dieses Buch geschrieben haben 9

1. *Satya* und die Rechte Sprache 13

2. Gewaltfreie Kommunikation 17
   Ein Leitfaden für GFK: Das Grundmodell.................................... 20
   Übungen zur Anwendung Gewaltfreier Kommunikation...................... 32

3. Vier Möglichkeiten der Kommunikation... 33
   Möglichkeit 1: Den Fokus auf stille Selbst-Empathie richten 34
   Möglichkeit 2: Den Fokus auf den Selbst-Ausdruck richten 36
   Möglichkeit 3: Den Fokus auf das Geben von Empathie richten 37
   Möglichkeit 4: Den Fokus auf andere richten – Bitten 41
   Übungen zur Anwendung Gewaltfreier Kommunikation 45

4. Zuhören – uns selbst und anderen 47
   Der Enten-Index 50
   Bitte und Danke 53
   Übungen zur Anwendung Gewaltfreier Kommunikation 55

5. Weil Worte wirken 57
   Umgang mit Ärger 59
   Heiliger oder gerechter Zorn und soziale Veränderung...................... 62
   Feindbilder 63
   Die Freude am Unterbrechen 65
   Wiederholte Geschichten 67
   Übungen zur Anwendung Gewaltfreier Kommunikation 68

6. Unterhaltungen mit unseren Partnern 69

Weihnachtsmann spielen 72

Nicht locker lassen 74

Immer wieder für dasselbe kämpfen 75

Bewusstlos werden 76

Nie Kritik zuhören 77

Mythos Unabhängigkeit 78

Die Freude am Risiko 79

Übungen zur Anwendung Gewaltfreier Kommunikation 80

7. Gespräche mit unseren Kindern und Eltern 81

Macht über oder Macht mit 82

Gewaltsamkeit als Schutz 86

Selbstständigkeit Selbstständigkeit Selbstständigkeit 87

Was wir von unseren Eltern wollen 88

Warum Anerkennung wehtut 90

Übungen zur Anwendung Gewaltfreier Kommunikation 91

8. Sprache am Arbeitsplatz 93

Bitten bei der Arbeit 97

Bewertungen 103

Klatsch und Tratsch 104

Übungen zur Anwendung Gewaltfreier Kommunikation 106

9. Gespräche in der Welt 107

Feiern und Bedauern 109

GFK-Bewusstsein in die Welt bringen 111

Übungen zur Anwendung Gewaltfreier Kommunikation 112

*Eine neue Idee wird zuerst als unsinnig verurteilt,
dann als lächerlich hingestellt, bis sie schließlich
als selbstverständlich akzeptiert wird.*

– William James

Danksagung

Wir möchten allen Menschen danken, die uns beim Schreiben dieses Buches inspiriert, gelehrt und unterstützt haben. Dr. Marshall Rosenberg war der Katalysator, der uns die Augen dafür öffnete, wie *Satya* und Rechte Sprache gelebt werden können – wir brauchten ihn nur bei seiner Arbeit als Lehrer der Gewaltfreien Kommunikation zu beobachten. Unsere drei Kinder und unsere Schwiegertochter haben uns allen Grund genug dafür gegeben, uns der Sprache bewusster zu werden und zu lernen, mit ihrer Hilfe Verbindungen und Klarheit in unseren Beziehungen zu schaffen. Auch möchten wir all unseren Lehrern danken, zu denen vor allem B.K.S. Iyengar und Charlotte Joko Beck gehören. All diesen Menschen sind wir zutiefst dankbar.

Judith möchte ebenfalls ihren Yoga-Studenten und ihrer Freundin und Zen-Lehrerin Linda Cutts Weintrag für ihre Ausdauer danken. Ike dankt all seinen Lehrern und Kollegen, die ihn auf seinem Weg begleitet haben, die Fähigkeiten und das Verständnis der Gewaltfreien Kommunikation in sein tägliches Leben zu integrieren. Insbesondere gilt sein Dank John Kinyaon für seine Unterstützung und Kameradschaft auf dem abenteuerlichen Weg, GFK bei seiner Mediationsarbeit anzuwenden und Trainings für andere anzubieten, die dasselbe tun wollen. Wie beide danken Julie Stiles für ihren scharfen Blick, ihre einfühlsame Kritik und hilfreiche Redaktion beim Schreiben dieses Buches. Sie genießt unsere besondere Wertschätzung für ihre Zusammenarbeit mit Ike bei der Verfassung von Kapitel 9.

Auch danken wir unseren Verlegern Donald Moyer und Linda Cogozzo für ihren Weitblick und ihre praktische Hilfe, als dieses Buch immer mehr Form annahm.

Einführung:
Warum wir dieses Buch
geschrieben haben

„Das ist kein Gefühl", stellte mein Mann Ike vom anderen Ende der Küche aus fest. In seinem Blick lag eine Mischung aus Begeisterung und Selbstgefälligkeit. Ich erwiderte diesen Blick weniger erfreut. Er war gerade von einem von Marshall Rosenberg veranstalteten Seminar zur Gewaltfreien Kommunikation (GFK) nach Hause gekommen und erzählte mir, dass ich nach dem, was er gelernt hatte, mit meinen Worten keine „Gefühle" beschrieb. Leider war ich nicht in der Lage, seine Begeisterung zu teilen oder gar seine neuen Erkenntnisse zu schätzen, denn ich war viel zu sehr damit beschäftigt, negativ darauf zu reagieren, dass er mir vorschreiben wollte, „wie ich zu reden hatte".

In den von uns gemeinsam veranstalteten Seminaren zur GFK erzählen wir diese Geschichte als klassisches Beispiel dafür, wie die Grundregeln, die wir in diesem Buch aufzeigen, *nicht* angewandt werden sollen. Aber die Schwierigkeit, die wir im Umgang miteinander hatten, war nichts im Vergleich zu dem, was passierte, als wir diese Technik bei unseren drei Teenagern „anwandten". Heute können wir darüber lachen, aber es war eine schwierige Zeit, als Ike und ich anfingen etwas zu verändern, von dem wir glaubten, es bereits zu beherrschen: Kommunikation.

Der Gebrauch der Sprache ist die menschlichste aller unserer Aktivitäten. Von Geburt an geben Babys Laute von sich, um ihre Bedürfnisse mitzuteilen, und wir freuen uns so sehr über das erste Wort eines Kindes, dass wir es manchmal sogar feiern. Es ist die Sprache, die unsere Gesellschaft funktionieren lässt, und zwar in allen Bereichen. Man sollte darum annehmen, dass es das Natürlichste der Welt ist, mithilfe der Sprache unsere eigenen Bedürfnisse zu formulieren und auf die Bedürfnisse anderer einzugehen.

Dieser Schein trügt, denn unsere Sprache entsteht aus einem komplexen Zusammenspiel vieler Faktoren. Sie entsteht aus unseren Gedanken, Überzeugungen und

Wahrnehmungen und spiegelt unsere eigene Welt wider. Wenn wir uns der Wirkung unserer Worte nicht bewusst sind, können wir uns täglich darüber wundern, dass die damit ausgelöste Reaktion genau das Gegenteil von dem ist, was wir beabsichtigt hatten. Untersuchungen haben ergeben, dass nur ein kleiner Teil des Gesagten wirklich gehört und noch weniger verstanden wird. Wenn man dazu noch bedenkt, dass verschiedene Sprachen Handlungen und Gedanken unterschiedlich strukturiert ausdrücken, grenzt es an ein Wunder, dass wir einander überhaupt verstehen.

Unser Interesse an Kommunikation erwachte lange vor unserer oben beschriebenen Begegnung in der Küche im Jahr 1997. Bereits im Jahr 1970 hatten wir beide angefangen, uns mit Yoga zu beschäftigen und die ‚acht Glieder' oder *Ashtanga*-Grundlagen der Yoga-Philosophie zu lernen, die Patanjali in seinem Yoga-Sutra niedergelegt hat. Die erste Grundlage der Yoga-Übungen heißt *Yama*, was ‚Enthaltung' bedeutet. Es gibt fünf Enthaltungen, von denen die erste und wichtigste *Ahimsa*, die Nicht-Gewalt, ist. Eine andere ist *Satya*, die Wahrhaftigkeit. Der Yoga-Schüler wird angehalten, die Wahrheit zu sagen beziehungsweise nichts zu sagen, was nicht wahr ist.

Bei Ike und mir löste dieser alte Rat, nur die Wahrheit zu sagen, viele Fragen aus. Wessen Wahrheit? Erleben wir die Realität nicht alle auf unterschiedliche Weise? In seinem Buch *Lebensstrategien* behauptet Philip McGraw, dass es überhaupt keine Realitäten, sondern nur Wahrnehmungen gibt. Ike und ich waren uns einig, dass Wahrheit eine Tugend ist, aber auch dass es nicht leicht ist, sie in jeder unserer Äußerungen zum Ausdruck zu bringen.

Im Laufe der Jahre interessierten wir uns für Buddhistische Meditation und meditierten täglich in der Zen-Tradition. Genau wie in der Yoga-Philosophie fanden wir im Buddhismus eine Reihe von Regeln, zu denen die „Rechte Sprache" gehörte, die weder einen selbst noch andere verletzte – wie bei *Satya*. Wieder waren wir mit der Regel einverstanden und wieder wussten wir nicht genau, wie wir sie in die Praxis umsetzen konnten. Es musste doch um mehr gehen als nur darum, bewusstes Lügen zu vermeiden.

Während eines Buddhistischen Retreats stieß Ike zufällig auf die Grundregeln der Gewaltfreien Kommunikation und es dauerte nicht lange, bis er sich in einem Workshop mit Dr. Rosenberg, dem Begründer dieser Methode, wiederfand. Bald darauf beschäftigten wir uns beide mit der GFK. Von den ersten Jahren weiß ich nur noch, dass ich sie nicht wirklich verstand. Wir versuchten beide, uns auf die grundlegendsten Strukturen dieser Technik zu konzentrieren, und begannen mit der Zeit, langsam diese Arbeit in unser Leben zu integrieren. Am meisten half uns Übung. Ganz viel Übung.

Wir veranstalteten in unserem Haus ein wöchentliches Gruppentreffen und versuchten in unserem täglichen Leben zu üben. Wir behaupteten scherzhaft, in einem GFK-Aschram zu leben. Wir nahmen an Seminaren teil, von denen manche zehn Tage dauerten, und gingen gänzlich in GFK auf. Schließlich wurde uns klar, was wir da taten: Wir lernten eine neue Sprache, die Sprache der Empathie und des Mitgefühls.

Unsere Meditationen, Yoga-Übungen und bewusste Wortwahl vereinten sich in einem interessanten Zusammenspiel. Dr. Rosenbergs Methode wurde ein vertrauter Weg bei unserem Versuch, vom Meditationskissen und der Yoga-Matte runterzukommen und ins tägliche Leben als Ehepartner, Eltern, Lehrer und Mitbürger zu finden.

Wir behaupten in diesem Buch, dass das, was wir sagen, eine große Rolle spielt, weil wir die Welt verändern, wenn wir sprechen. Wenn wir bei Anwendung der GFK-Techniken unser spirituelles Bewusstsein einbringen, entsteht mit der Kraft der Sprache ein wirkungsvolles Mittel, mit dem wir nicht nur unser eigenes Leben und das der Menschen in unserem Umfeld beeinflussen. Es wirkt sich auf die ganze Welt aus. Ohne bewussten Umgang mit der Kraft unserer Sprache verstärken wir weiterhin die emotionalen und psychologischen Verhaltensmuster, die zu unseren eigenen und den Leiden anderer beitragen.

Es geht darum, unsere Sprache als spirituelle Übung anzuwenden. Sie ist die Kunst, mit der wir unseren Worten ein tieferes Bewusstsein geben, damit sie uns nicht nur uns selbst näherbringen, sondern auch das widerspiegeln, was in uns lebendig ist. Indem wir das tun, helfen wir eine Welt zu erschaffen, in der wir leben wollen und in der auch für spätere Generationen Worte dem Leben dienen.

Heute wissen wir, dass GFK auch einfach sein kann. Endlich fangen wir an, *Satya* und Sprache auf eine Weise zu verstehen, wie wir dies nicht für möglich gehalten hatten. Wir haben Jahre gebraucht, um zu verstehen, dass vor der Anwendung spiritueller Sprache zuallererst ein innerer Bewusstseinswandel stattfinden muss. Mit diesem Wandel fängt auch die Sprache an, sich zu wandeln, ohne dass wir uns bewusst darum bemühen müssen, denn sie kann im Außen nur widerspiegeln, was im Inneren bereits stattgefunden hat. Wenn diese beiden Wandlungen stattfinden, werden wir mit viel mehr Freude miteinander umgehen.

Wir haben *Weil Worte wirken* geschrieben, um mit Ihnen unsere Erfahrung zu teilen, wie wir gelernt haben, mit diesen Regeln umzugehen. Das Buch ist in neun Kapitel aufgeteilt. Zu Beginn beschäftigen wir uns mit *Satya*, der Rechten Sprache und der GFK. Danach erklären wir die Prinzipien der GFK im Umgang mit uns selbst, unseren Partnern, unseren Kindern und Eltern sowie am Arbeitsplatz. In jedem Kapitel finden Sie Übungen, die Ihnen helfen, GFK in Ihr Leben zu integrieren. Dabei können folgende Maßnahmen eine große Hilfe sein:

···> Führen Sie ein Tagebuch, in dem Sie Sätze sammeln, die Ihnen geholfen haben – oder auch nicht –, sich mit sich selbst und anderen zu verbinden, und in dem Sie von Ihren Erfahrungen berichten können.

···> Bitten Sie einen Freund, Ihr Empathie-Partner zu sein, der Ihnen bei schwierigen Unterhaltungen hilft.

···> Gründen Sie eine Gruppe, die sich wöchentlich zum Thema *Weil Worte wirken* trifft.

Unser nie endender Lernprozess hat viele wunderbare Auswirkungen auf unser Leben gehabt, und wir freuen uns, dass Sie sich uns bei diesem Abenteuer anschließen wollen. Wir hoffen, dass einige dieser Techniken auch Ihnen helfen werden, Ihre Bedürfnisse so zu formulieren, dass Sie Klarheit und Leichtigkeit in Ihr Leben bringen und dazu beitragen können, das weltweite Bedürfnis nach Mitgefühl zu befriedigen.

1. *Satya* und die Rechte Sprache

Ist Schlampigkeit in der Sprache Ausdruck von Ignoranz oder Apathie?
Ich weiß es nicht und es ist mir auch egal.

– WILLIAM SAFIRE

Die alten Yoga- und Buddhismus-Lehren haben viel gemeinsam. Beide sind aus der hinduistischen Kultur entstanden, beide haben Techniken, die uns lehren, ein erfülltes Leben ohne Leid zu leben, und beide bieten uns Techniken zum Gebrauch unserer Sprache an, da diese eine sehr wichtige Rolle in unserem Leben spielt.

Im zentralen Ursprungstext des Yoga-Sutra von Patanjali, in dem die Psychologie und Ausübung von Yoga beschrieben werden, beschäftigen sich zwei Sutren (Verse) mit dem Thema Sprache. Das erste Sutra steht in Kapitel (*pada*) II im Vers 30.

Dort führt Patanjali die fünf *Yamas* oder Enthaltungen an, die jeder Yoga-Ausübende einhalten sollte. Diese Tugenden sind *Ahimsa* (Nicht-Leidzufügen), *Satya* (Wahrhaftigkeit), *Asteya* (Nicht-Stehlen), *Brahmacharya* (Keuschheit) und *Aparigraha* (Begierdelosigkeit). Auch in Kapitel II, Vers 36, wird *Satya* erwähnt. In seinem Buch The *Yoga-Sutra of Patanjaly (Das Yoga-Sutra von Patanjali)* übersetzt Georg Feuerstein diesen Vers des Altmeisters so: „Wenn er fest in der Wahrhaftigkeit steht, gehorchen Handlung und [Handlungs-]Resultat [seinem Willen].“

Das bedeutet, dass wir mit unseren Worten die Wirklichkeit immer genauer wiedergeben, wenn wir *Satya* auf immer tieferen Ebenen einüben. Dieser Vers könnte auch bedeuten, dass wir, wenn wir im Yogazustand, dem Zustand des reinen Seins verankert sind, nichts sagen können, was nicht der Wahrheit entspricht, sodass alles, was wir sagen, wahr ist. Es ist nicht wahr, weil wir es wahr gemacht haben, sondern weil es keine Trennung mehr gibt zwischen unserem Bewusstsein, der Wahrheit und dem, was wir sagen.

Für ein Leben in Wahrhaftigkeit gibt es jedoch noch andere Aspekte. Alle *Yamas*, einschließlich *Satya*, spielen bei der Umsetzung des *Ahimsa*-Prinzips – Abwesenheit von jeder Art von Gewalt – eine untergeordnete Rolle. Ich (Judith) verstehe das so, dass wir niemals „die Wahrheit sagen" können, wenn wir dabei dieses Prinzip der Gewaltlosigkeit ignorieren.

Im Yoga-Sutra gehört *Satya* zu den Enthaltungen, was bedeutet, dass wir nicht reden sollen, wenn das Gesagte jemanden verletzen könnte. Dazu gehört, dass wir darauf achten, was wir sagen, um keine Unwahrheiten auszusprechen, die anderen schaden könnten. Wichtig ist, dass es im Yoga-Sutra keine Anleitungen darüber gibt, was wir sagen oder wie wir es ausdrücken sollen. Patanjali gibt dem Yoga-Praktiker nur Ermahnungen an die Hand, was er zu vermeiden hat.

Die buddhistischen Lehren vom achtfachen Pfad sind denen des Yoga sehr ähnlich. Seine acht Glieder sind in drei Gruppen aufgeteilt, deren erste von Weisheit handelt, zu der richtiges Verstehen und richtiges Denken gehören. In der zweiten geht es um Sittlichkeit, zu der rechte Rede, rechtes Handeln und rechter Lebenserwerb gehören. In der dritten Gruppe geht es um mentale Disziplin oder um die Vertiefung, zu der rechtes Streben, rechte Achtsamkeit und rechte Versenkung oder Konzentration gehören.

Die rechte Rede ist nicht nur für den Praktiker förderlich, sondern sie trägt auch zum Wohlbefinden anderer und dem der ganzen Welt bei. Rechte Sprache verfolgt eine Absicht und meidet gedankenloses Geschwätz, Klatsch und Tratsch, Verleumdungen und Lügen. Wenn wir mit uns selbst ehrlich sind, dann müssen wir zugeben, dass unsere Worte oft bestenfalls unnötig sind und schlimmstenfalls sogar anderen schaden.

Die richtigen Worte zu finden ist genauso schwierig wie die Anwendung von *Satya*. Beide Lehren beschreiben, was zu tun ist, aber keine gibt Hilfen an die Hand, wie sie in die Praxis umzusetzen sind. Auch gibt es keinen Bewertungsmaßstab dafür, ob man die richtigen Worte gewählt oder *Satya* richtig praktiziert hat. Beim Ausführen der *Asanas*, der Yoga-Körperhaltungen, kann ich beim Kopfstand *(Salamba Sirasana)* zum Beispiel genau beurteilen, ob ich ihn richtig mache oder nicht, aber ob ich die richtigen Worte finde bzw. *Satya* anwende, kann ich immer nur hoffen und vermuten.

Gewaltfreie Kommunikation ist also für die Anwender von *Satya* und damit der richtigen Sprache ein Segen. Die Techniken der GFK beziehen sich darum zunächst auf das innere Bewusstsein, das eine äußerst wichtige Rolle spielt. Erst danach zeigt die GFK Wege auf, welche Rolle die Sprache spielt und wie sie anzuwenden ist. Wie auch beim Yoga und im Buddhismus ist bei der GFK die Sprache ein sehr kraftvolles Instrument. Diese Kraft wirkt sich auf zwei Weisen aus.

Zunächst geht es um die Kraft und Aufmerksamkeit, mit der ich formuliere, was ich sagen will. Die Art und Weise, wie ich für mich selbst einen Gedanken formuliere, bevor ich ihn ausspreche, zeigt, wie ich denke und wie ich die Welt sehe. Ich drücke das gerne so aus: Meine Worte sind Spiegelbild meiner Gedanken, meine Gedanken sind Spiegelbild meiner Anschauungen, und meine Anschauungen – besonders die ungeprüften – bestimmen mein Leben.

Aus dem entgegengesetzten Blickwinkel heißt das, dass meine Handlungen und mein Umgang mit anderen von meinen ungeprüften Gedanken bestimmt werden. Damit bestimmen diese auch, wie ich von anderen gesehen und behandelt werde. Wenn ich mich in meinen Gedanken zum Beispiel für wertlos halte, dann werde ich mich entsprechend verhalten und andere werden mich dieser angenommenen Wahrheit entsprechend behandeln.

Es ist der zentrale Ausgangspunkt jeder spirituellen Praxis, sich jederzeit seines inneren Zustands bewusst beziehungsweise eins zu sein mit sich selbst. Ständig daran zu denken ist entscheidend, weil es die Voraussetzung dafür ist, diese wichtige Lehre verstehen zu können: *Ich bin nicht meine Gedanken.* Ich habe Gedanken, aber sie sind nicht die Manifestation meines Seins, sie sind nicht, was ich bin. Um nicht zu vergessen, dass ich nicht meine Gedanken bin, habe ich mir angewöhnt, mir zuerst innerlich und nach außen meiner selbst und dann erst meiner Worte bewusst zu sein. Dann sage ich Dinge, die meinen Anschauungen entsprechen, vor allem der, dass ich nicht meine Gedanken bin.

Beispielsweise sagen wir manchmal genau das Gegenteil von dem, was wir meinen. Vielleicht bin ich verletzt, weil jemand eine Verabredung nicht eingehalten hat. Aber statt von dieser Verletzung zu sprechen, sage ich: „Dir scheint unsere Freundschaft nicht wichtig zu sein." Diese Feststellung wird mir nicht die Beziehung bescheren, die ich mir wünsche. Sie kann sogar ein Streitgespräch auslösen.

Die Kraft der Sprache hat einen zweiten Aspekt: Mit dem, was wir sagen, verändern wir die Welt. Das ist keine Übertreibung.

Die Art, wie wir uns ausdrücken, wirkt sich nicht nur auf unsere Denkweise aus, sondern verbindet uns auch mit unserer Außenwelt. Wenn wir sprechen, treten wir zunächst für uns selbst ein, verbinden uns dann aber auch mit unserem Gesprächspartner und schließlich auch mit der zu bewältigenden Aufgabe. Den meisten von uns ist beigebracht worden, sich zuerst mit der zu bewältigenden Aufgabe zu beschäftigen, erst dann mit dem Gegenüber und zuletzt mit uns selbst.

Aber wenn wir in unseren Gefühlen und Bedürfnissen nicht mit uns selbst verbunden sind, werden unsere Worte unsere Wahrheit nicht klar genug zum Ausdruck bringen. Außerdem verzerren sie dann unser Verhältnis zu anderen Menschen und zu der ganzen Welt. Wir werden aus dieser Verzerrung heraus handeln, was unser eigenes Leiden und das der anderen nur vergrößert. Sowohl die Yoga-Praktiken als auch die des Buddhismus haben zum Ziel, diese Erzeugung von Leid zu vermeiden.

Ein Beispiel mag besser zeigen, wie Worte Leid erzeugen können: Jemand sitzt zu Hause und wartet auf jemand anderen, der versprochen hat, um 19 Uhr zu kommen. Wenn dieser nun später kommt, sagt der Wartende meist Worte wie: „Wo warst du? Warum kommst du so spät?" Wahrscheinlich war er unruhig oder hat sich Sorgen gemacht, aber statt davon zu sprechen, drückt er Unmut und Ärger aus. Es ist ebenso wahrscheinlich, dass der Zuspätkommende seinerseits ärgerlich reagiert, und schon entsteht ein Streit darüber, wer der Schuldige ist, statt über die Gefühle und Bedürfnisse beider Seiten zu sprechen. Diese Art von Streitgesprächen erzeugt Leid.

Gewaltfreie Kommunikation kann man lernen. Mit dieser Technik können wir lernen, die Werte von *Satya* und der Rechten Sprache in die Praxis umzusetzen, damit wir mithilfe unserer Sprache unsere spirituelle Praxis vertiefen und in eine aufrichtige Kommunikation mit anderen einbringen können. Das nächste Kapitel wird Sie in diese Technik einführen.

2. Gewaltfreie Kommunikation

Die drei wichtigsten Mantren:
Sag die Wahrheit. Sag die Wahrheit. Sag die Wahrheit.

— JUDITH HANSON LASATER

Beim Besuch meines (Judiths) ersten Seminars von Marshall Rosenberg über Gewaltfreie Kommunikation rutschte ich die ganze Zeit unruhig auf meinem Stuhl hin und her – nicht etwa weil mir nicht gefiel, was gesagt wurde, sondern weil ich nicht verstand, wie ich das Gesagte in die Praxis umsetzen konnte.

Mit einigen Teilnehmern des Workshops führte Dr. Rosenberg Gespräche, bei denen einer nach dem anderen in Lachen oder Tränen oder beides ausbrach, als sie die Kraft der Verbindung mit ihm spürten. „Wie macht er das?", dachte ich. Es sah aus wie Zauberei. Ich konnte noch nicht mal ansatzweise nachvollziehen, was er tat. Ich wusste nur, dass auch ich meine Worte auf diese mitfühlende Weise einsetzen wollte. Nach vielen Jahren des Trainings verstehe ich heute besser, wie GFK eine praktische Anwendung von *Satya* und der Rechten Sprache sein kann.

Wenn man anfängt, GFK zu lernen, scheint es nur um die Auswahl und Anordnung von Worten, also die Syntax, zu gehen. In diesem Buch konzentrieren wir uns zwar überwiegend auf diese Aspekte, doch sollten Sie nie außer Acht lassen, dass es bei der GFK im Grunde um die *Intention* geht. Die Syntax ist nur eine Strategie, um uns an unsere Intention zu erinnern.

Bei der Anwendung der GFK ist die zugrunde liegende Intention, uns zunächst mit uns selbst in Verbindung zu bringen und erst danach zu versuchen, mit anderen in Verbindung zu treten. Nur aus solch einer Verbindung können wertschätzende Beziehungen entstehen, deren Ergebnisse beide Seiten befriedigen. Je nach Ihrer aktuellen Situation oder Ihrem kulturellen Hintergrund werden Sie andere Worte wählen, und wir hoffen, dass Ihre Wortwahl für Ihren Gesprächspartner nicht nur von Bedeutung ist, sondern auch die gewünschte Resonanz erzeugt.

Wenn Sie intuitiv und unbewusst mit sich selbst verbunden sein können, ist das im täglichen Umgang mit anderen Menschen eine sehr wirkungsvolle Kraft. Es wird Ihnen kaum gelingen, mit anderen in Verbindung zu treten, wenn Sie Ihre eigenen Bedürfnisse nicht kennen. Die meisten von uns haben das als Kind nicht gelernt.

was bedeutet das in der Rolle als Erzieher ...?

Darum brauchen wir als Erwachsene mehr Zeit und Übung, diese Fähigkeit zu entwickeln. Erschwerend kommt hinzu, dass im Kindesalter von uns sogar erwartet wurde, unsere Bedürfnisse zu verleugnen.

Sie haben sicher schon erlebt, wie Eltern ihrem kleinen Kind, das neugierig nach Großmutters kostbarer Vase greift, entsetzt zurufen: „Nein, diese Vase möchtest du nicht." Diese Feststellung entspricht jedoch nicht der Wahrheit, denn das Kind möchte diese Vase sehr wohl anfassen, um etwas daraus zu lernen oder auch nur aus Vergnügen. Ihm wird aber sogar gesagt „Du kannst die Vase nicht anfassen." Diese kleinen Lebenserfahrungen lehren uns, dass das, was wir glauben zu wollen, in Wahrheit nicht das ist, was wir wirklich wollen. Es ist also kein Wunder, dass es uns aus der Fassung bringt und verlegen macht, wenn wir im Alter von fünfundvierzig Jahren in einem GFK-Seminar gebeten werden, unsere Bedürfnisse zu nennen.

In dem konditionierenden Prozess, in dem wir den Bezug zu unseren Bedürfnissen verlieren, lernen wir auch, uns vor Kritik und Bestrafung zu schützen und die Schuld anderen zuzuschieben. Wenn wir lernen, uns auf der Ebene unserer Bedürfnisse kennenzulernen, ermöglicht dies gleichzeitig, unsere üblichen Reaktionen zu überdenken und gegebenenfalls abzulegen. Wenn wir uns immer wieder damit identifizieren, welche Bedürfnisse in einer bestimmten Situation durch unsere Aktionen befriedigt wurden und welche nicht – und zwar besonders dann, wenn wir gewohnheitsmäßig reagierten –, dann haben wir die Chance, in Zukunft anders zu agieren. Auf diese Art und Weise kann GFK dazu benutzt werden, das Verhältnis zu sich selbst und zu anderen zu ändern.

Wenn Sie es sich zur Gewohnheit machen, sich Ihrer eigenen Bedürfnisse bewusst zu sein, wechseln Sie über in den Lernmodus. Wenn einer Ihrer Kollegen sich zum Beispiel darüber beschwert, dass Ihr Vorgesetzter niemandem richtig zuhört, dann könnten Sie seinen Kommentar überhören oder ihm einfach zustimmen. Sie könnten seine Beschwerde aber auch in eins seiner Bedürfnisse umformulieren. Vielleicht möchte er gesehen oder gehört oder wertgeschätzt werden. Wenn es mir gelingt, die Beschwerden meiner Mitarbeiter als Ausdruck ihrer Bedürfnisse statt als Beschwerde über andere zu erkennen, dann kann ich in mir selbst eine andere Reaktion wahrnehmen. Ich habe dann die Gelegenheit, direkt auf ihre Bedürfnisse einzugehen, statt meinen eigenen Verhaltensmustern zu folgen. Wenn Sie sich dabei erwischen, dass Sie auf jemanden eingehen, statt in alte Gewohnheiten zu verfallen, können Sie vielleicht herausfinden, welches Bedürfnis Sie mit Ihrem Verhaltensmuster befriedigen wollten, und vielleicht auch, welche Bedürfnisse Sie genau damit nicht befriedigen konnten.

Am Ende dieser Selbstbefragung sollten Sie sich die Frage stellen können: Was sollte ich das nächste Mal anders machen, um meine Bedürfnisse zu befriedigen? Wir möchten Sie ermutigen, sich bei dieser Selbstbefragung weder zu verurteilen noch sich zu bestrafen, sich weder Vorwürfe zu machen noch sich zu schämen oder sich gar schuldig zu fühlen. Es geht einfach nur darum herauszufinden, welche Bedürfnisse befriedigt wurden und welche nicht und wie Sie es vielleicht hätten besser machen können. So kann die Selbsterkundung, die auch das zentrale Anliegen aller Yoga-Übungen und der buddhistischen Meditation ist, Grundlage unserer täglichen Interaktionen und Aktivitäten werden.

Wenn Sie ständige Selbstbefragung praktizieren, lernen Sie bewusster zu werden. Sie sind mit Ihrem Verhalten entweder unzufrieden oder zufrieden, verstärken, was Ihnen gefallen hat, und lassen weg, was Ihnen nicht gefallen hat, um so Ihre Bedürfnisse besser zu befriedigen. Schon bald wird Ihnen bewusst, wenn Sie sich aufregen, und Sie werden versuchen, sich anders zu verhalten. Aus diesem neuen Verhalten werden Sie wieder lernen. Es ist eine ganz natürliche Konsequenz dieses Prozesses, dass Sie Fähigkeiten entwickeln, Ihre eigenen Bedürfnisse und die der anderen zu befriedigen.

Unserer Meinung nach geht es bei der GFK nicht nur darum, diese Fähigkeiten zu entwickeln und anzuwenden, sondern auch darum, Erfahrung in der Wahl neuer Möglichkeiten zu bekommen, die auf unseren Bedürfnissen basieren, statt ständig alte Verhaltensmuster zu wiederholen. Wenn wir mit unseren eigenen Bedürfnissen verbunden sind, wird uns unsere Intention jederzeit klar sein und unsere Sprache wird zur spirituellen Praxis.

Ein Leitfaden für GFK: Das Grundmodell

Die Gewaltfreie Kommunikation beruht auf vier Schritten, die keine festgeschriebene Formel sind, sondern nur als Grundlage dienen. Wenn Sie sich zu fest an diese vier Schritte halten, riskieren Sie es, von der Gegenwart abgetrennt zu werden, was einer wahren Kommunikation im Wege steht. Beginnen Sie mit diesen vier Schritten und seien Sie gleichzeitig bereit, sich über sie hinaus zu bewegen, sobald Sie mit den Grundlagen besser vertraut sind.

Erster Schritt: Beobachtung

Bei einer Beobachtung beschreiben wir das, was wir Wahrnehmung nennen. Beim Yoga-Sutra wird dieses Wissen *pramâna* (pada I, v. 7) genannt.

Eine Beobachtung kann zum Beispiel sein: „Wir haben den Monat August" oder „John ist heute Mittag angekommen".

„John ist zu spät gekommen" ist hingegen keine Beobachtung, sondern eine Bewertung. Warum? Weil John vielleicht gar nicht der Meinung ist, dass er zu spät gekommen ist, und wenn Mary das behauptet, mag er das abstreiten und das Gegenteil behaupten. Vielleicht sind nach Johns Auffassung zehn oder fünfzehn Minuten keine Verspätung, während Mary daran festhält, dass sogar schon eine Minute nach der vereinbarten Zeit eine Verspätung ist. Eine Beobachtung wäre: „John kam zehn Minuten später, als Mary glaubt mit John vereinbart zu haben".

Es ist wichtig, diesen Unterschied zu machen, denn wenn wir in unseren Unterhaltungen mit anderen urteilen, riskieren wir vom Thema abzuschweifen und darüber zu streiten, was die Wahrheit ist – in diesem Fall, ob John nun zu spät gekommen ist oder nicht. Ein solches Streitgespräch wird das Problem nicht lösen, wie John und Mary miteinander umgehen wollen. Es kann ja sein, dass Mary sich Sorgen gemacht hat, dass John etwas zugestoßen sein könne, während John sich glücklich und völlig entspannt auf die Zeit mit Mary freute. Statt diese gemeinsame Zeit zu genießen, werden sie jetzt wahrscheinlich miteinander streiten.

Ob John zu spät war oder nicht, nenne ich (Judith) eine Pseudowahrnehmung – ein als Wahrnehmung getarntes Urteil. Andere Pseudowahrnehmungen sind „Du fährst zu schnell", „Es ist kalt hier" oder „Das war ein wirklich guter Film". Ich nenne sie Pseudowahrnehmungen, weil diese Feststellungen zwar wie einfache Beobachtungen klingen, in Wirklichkeit aber keine sind. In Thomas Byrons Übersetzung von *The Dhammapada* heißt es, dass Buddha gesagt haben soll: „Suche nicht die Erleuchtung; höre einfach nur auf, an deinen Anschauungen festzuhalten." Für uns sind Meinungen und Anschauungen Pseudowahrnehmungen, wie zum Beispiel: „In diesem Raum ist es nicht warm". Es wird zwar als Wahrnehmung hingestellt, ist aber ein Urteil. Jemand anders könnte behaupten: „Nein, dem ist nicht so. Mir ist kalt". Eine Beobachtung wäre (mit Blick auf das Thermometer): „Die Temperatur in diesem Raum ist 26,7 °C". Über diese Feststellung wird man sich kaum streiten können.

Stellen Sie sich folgende Situation vor: Eine Mutter klopft an die Tür und betritt mit folgenden Worten das Zimmer ihres Sohnes im Teenageralter: „Dieses Zimmer ist ein Saustall. Bitte räume bis morgen früh auf, denn wir bekommen Besuch". Garantiert wird der Teenager antworten: „Dies ist kein Saustall". Wenn die Mutter auf ihrer Bitte besteht, wird der Teenager wahrscheinlich umschalten auf: „Mir gefällt es so", und wenn das nicht hilft, wird er mit der altbekannten Frage kommen: „Wessen Zimmer ist es denn?" Wir könnten viel Geld darauf wetten, dass das Ergebnis dieses Argumentenaustauschs keine liebevolle Beziehung zwischen Mutter und Sohn sein wird.

Eine sehr viel wünschenswertere Beziehung hätte sich ergeben, wenn bei dieser Begegnung eher von Beobachtungen die Rede gewesen wäre. Achten Sie darauf, wie anders Sie sich fühlen, wenn Sie die Kommunikation so beginnen: „Wenn ich deine Kleidung auf dem Boden, Teller mit Essensresten auf deinem Schreibtisch und dein ungemachtes Bett sehe, ..." Der springende Punkt hierbei ist, dass Sie den Unterschied spüren zwischen der Schilderung von Beobachtungen und der Äußerung von Verurteilungen. Wenn Sie zum Beispiel sagen: „Wenn ich die Unordnung in deinem Zimmer sehe ...", dann ist das keine Beobachtung. Die Begriffe „Saustall" und „Unordnung" sind Urteile. Unordnung will keiner haben. (Wir werden noch von weiteren Dramen aus den Zimmern von Teenagern berichten.)

Beobachtungen dieser Art sind Ausdruck der spirituellen Sprache, wie wir sie nennen. Es geht darum zu lernen, unsere Urteile und Anschauungen *über* das, was wir beobachten, wegzulassen und einfach nur zu beschreiben, was eine Kamera aufzeichnen würde. Am Ende dieses Kapitels werden Sie Übungen finden, die Ihnen helfen sollen, Ihr Bewusstsein dafür zu schärfen, den Unterschied zwischen Beobachtungen und Urteilen wahrzunehmen.

Wir wollen keine neuen Regeln aufstellen, was richtig und was falsch ist. Es ist nicht falsch, Urteile auszusprechen. Wir möchten nur, dass Sie sich dessen bewusst werden, wenn Sie es tun, damit Sie lernen, welche Folgen ein solches Verhalten hat beziehungsweise wie anders die Folgen aussehen, wenn Sie stattdessen von Beobachtungen sprechen. Wofür Sie sich dann entscheiden, liegt ganz bei Ihnen.

Wir sprechen hier von moralischen Ansichten, wer oder was richtig oder falsch ist. Wir werden zwar immer auch beurteilen, ob unsere Bedürfnisse befriedigt wurden oder nicht, und natürlich ist das auch eine Art Urteil, aber bei dieser Beurteilung verurteilen wir niemanden wegen seiner Motive.

Zweiter Schritt: Benennen Sie Ihre Gefühle

Gefühle sind emotionale Befindlichkeiten und mit körperlichen Empfindungen verbunden. Gefühle verändern sich ständig und kommen immer wieder auf. Durch sie erfahren wir, ob im Moment ihres Erscheinens unsere Bedürfnisse befriedigt sind oder nicht. In diesem Sinne sind sie „Leuchtfeuer" aus dem Unbewussten, die uns warnen und bewusst machen, inwieweit unsere Bedürfnisse befriedigt oder unbefriedigt sind.

Wir können zum Beispiel glücklich und zufrieden sein, uns wohlfühlen und mit uns selbst und anderen verbunden oder energiegeladen sein. In einem solchen Moment sagen uns Gefühle, dass wir unsere Bedürfnisse als erfüllt empfinden. Oder wir sind traurig, einsam, ängstlich, gereizt und verwirrt. Diese Gefühle sagen uns, dass wir interpretieren und deswegen glauben, dass unsere Bedürfnisse in diesem Moment nicht befriedigt sind.

Jeder Mensch hat Gefühle und Gefühle tauchen ständig neu auf und verändern sich. Wenn Sie das nicht glauben können, dann sollten Sie heiraten und Kinder bekommen! Gefühle sind Signale, die aus den Tiefen des Unbewussten hervorschießen und uns aufrütteln, damit wir ihnen Aufmerksamkeit schenken. In dieser Hinsicht sind sie wie Körperhaltungen im Yoga. Wenn wir uns in der Uttanasana-Übung (stehende Vorbeuge) nach vorne beugen und in der hinteren Oberschenkelmuskulatur eine starke Anspannung spüren, lenkt das unsere Aufmerksamkeit sofort dorthin. Diese Empfindung ist ein Zeichen dafür, dass wir auf unsere Oberschenkelmuskulatur achten und sie entspannen sollten. Mit dieser Übung wird bewusste Achtsamkeit trainiert. Dabei ist diese spirituelle Übung nicht die Asana selbst, sondern vielmehr die aktive Wahrnehmung während einer Asana-Übung. Ein Vorteil regelmäßiger Asana-Übungen ist es, dass sie uns daran erinnern, aufmerksam zu sein. Gefühle dienen demselben Zweck.

Schenken wir den Gefühlen unmittelbar beim Entstehen unsere Aufmerksamkeit, werden wir sofort in die gegenwärtige Situation versetzt. Darum geht es in der spirituellen Praxis. Wir können nicht gleichzeitig unseren Gefühlen Aufmerksamkeit schenken und in Gedanken verloren sein. Unser Leid ist unsere Gedankenverlorenheit.

Wir dürfen nicht vergessen, dass nach dem Modell der GFK Gefühle unabhängig von dem auftauchen, was andere Menschen sagen oder tun. Andere mögen zwar meine Gefühle stimulieren, aber diese Gefühle gehören nur mir und sie bestimmen,

[handschriftliche Notiz oben: meine eigene Wahrn. bzw. Interpretation]

wie ich die Welt erfahre. Beispielsweise stimmen Nachrichten den einen traurig, während dieselben Informationen jemand anderen glücklich machen. Der Unterschied liegt in der Wahrnehmung jedes Einzelnen und nicht an den Nachrichten selbst. Die Nachrichten erzeugen keine Gefühle, können aber durchaus Gefühle stimulieren. Das sind zwei verschiedene Dinge.

Nehmen wir einmal an, wir beide gehen zusammen ins Kino. Sie weinen während des Films und ich nicht. Die Beobachtung ist, dass wir beide einen Film gesehen haben. Der Stimulus war für uns beide der gleiche. Unsere Reaktionen waren jedoch aufgrund unserer individuellen Natur unterschiedlich. Unsere Individualität, die wir bereits mit in diese Welt bringen, wird durch unsere Lebenserfahrungen und besonders durch Verhaltensmuster geformt, die wir in der frühen Kindheit erlernen.

Auch dürfen wir nicht vergessen, dass der Satz „Du gehst mir auf die Nerven" kein Gefühlsausdruck, sondern eine Meinungsäußerung ist. Viele verwenden das Wort „Gefühl", um Ansichten, Gedanken und Vorstellungen auszudrücken. „Ich finde, du hast dich unfair verhalten" beschreibt kein Gefühl; diese Aussage ist eine Analyse Ihrer Handlungsweise. Wenn Sie stattdessen sagen „Was du gesagt hast, hat mich sehr traurig gestimmt", benutzen Sie eine Kombination aus Beobachtungssprache („Was du gesagt hast") und Gefühlssprache („hat mich sehr traurig gestimmt"). Diese Wahl der Sprache wirft den Sprecher auf seine eigene Wahrheit zurück. Dasselbe passiert, wenn wir in der Meditation das Auftauchen von Gedanken beobachten. Sie werden sicherlich Freude an den Reaktionen haben, die Sie bekommen, wenn Sie das Ausdrücken von Gefühlen nicht mit Bewertungen und Meinungen vermischen.

Abschließend sollten Sie nicht vergessen, dass „Gefühle", wie sie in der GFK verwendet werden, sich nie auf andere Personen beziehen. „Ich fühle mich im Stich gelassen" bezieht sich beispielsweise auf jemand anderen, denn man kann nur von jemand anderem im Stich gelassen werden. Stattdessen könnten Sie sagen: „Ich fühle mich allein und fürchte mich". Diese Gefühle können entstanden sein, als die andere Person Sie im Stich gelassen hat.

Sprechen Sie einmal die folgenden Sätze laut aus. Zuerst: „Du hast mich im Stich gelassen". Dies ist Ausdruck einer Meinung über das Verhalten eines anderen. Wenn dieser andere diesen Satz hört, kann er sich verurteilt fühlen. Vielleicht antwortet er sogar: „Ich habe dich nicht im Stich gelassen", worauf Sie entgegnen: „Doch, das hast du." Die Weichen für ein Streitgespräch sind gestellt. Und jetzt sagen Sie laut: „Als du das Haus verlassen hast, habe ich mich einsam gefühlt und hatte Angst." Die andere Person kann Ihre Gefühle von Einsamkeit und Angst nicht bestreiten, denn es sind Ihre Gefühle, die für Sie sehr real sind. „Nein, ich habe dich nicht im Stich gelassen", hört sich nicht seltsam an, während „Nein, du fühlst dich nicht einsam und hast keine Angst" sehr seltsam klingt und keinen Sinn ergibt.

Dritter Schritt: Sprechen Sie Ihre Bedürfnisse aus

Diese Bitte schreckt viele ab, denn sie verwechseln Bedürfnisse mit „Bedürftigkeit". In der GFK sind Bedürfnisse jedoch das, was im täglichen Leben ganz natürlich auftaucht. Wir alle haben das Bedürfnis zu überleben (Luft, Wasser, Nahrung, Schutz) und das Bedürfnis, Erfolg zu haben (Berührungen, Spaß, Intimität, Sexualität und Kreativität). Wir alle haben das Bedürfnis, respektiert zu werden, und das Bedürfnis, dass unsere Eigenständigkeit anerkannt wird. Außerdem haben wir spirituelle Bedürfnisse wie die nach Frieden, Ganzheit und Verbindung mit der Gottheit. Eine Vielzahl menschlicher Bedürfnisse ist bekannt. In Bedürfnissen drückt sich das Leben selbst aus und alle Menschen haben sie. Wenn wir mit unseren Bedürfnissen in Verbindung sind, sind wir mit dem Leben selbst in Verbindung, während es in uns Form annimmt.

Vielleicht ist das der Grund, warum wir Babys so faszinierend und niedlich finden. Babys stehen immer mit ihren Bedürfnissen in Verbindung. Wenn sie Hunger haben, nass sind oder sich langweilen, lassen sie es uns sofort wissen. Und Babys haben wegen ihrer Bedürfnisse kein schlechtes Gewissen oder glauben, dass sie damit ihren Eltern zur Last fallen. Erst als Erwachsene sublimieren wir oft unsere Bedürfnisse und gehen ihnen wegen Urteilen wie „Ich sollte dieses Bedürfnis nicht haben" oder „Mir würde sowieso niemand geben, was ich brauche" nicht mehr nach.

Wenn unsere Bedürfnisse nicht befriedigt werden, ist es, als würden uns unsere Menschenrechte abgesprochen, und wenn das passiert, können wir nicht wirklich Mensch sein, nicht glücklich sein und nicht vollkommen gesund sein. Unsere Bedürfnisse zu kennen und zu wissen, wie sie befriedigt werden, ist eine grundlegende Fähigkeit im Leben. Wer sie beherrscht, kann auch die spirituelle Sprache benutzen.

Manchmal greift Marshall Rosenberg in seinen Workshops auf den Wirtschaftswissenschaftler Manfred Max-Neef zurück, der eine Liste von neun universalen menschlichen Bedürfnissen erstellt hat: Zuneigung, Kreativität, Freiheit, Individualität, Mitwirkung, Schutz, Erholung, Lebensunterhalt und Verständnis. Diese neun Bedürfnisse sind ein ausgezeichneter Start in die Praxis der GFK. Erkennen Sie diese Bedürfnisse, wenn sie in Ihnen aufkommen!

Auf einer Party traf ich (Judith) einmal einen Rolls-Royce-Verkäufer. Er erzählte mir, dass niemand wirklich einen Rolls Royce „brauche" und dass es sein Job sei, die Kunden davon zu überzeugen, dass es doch so sei. Mit nur wenigen Worten hatte er zusammengefasst, worauf sich unsere Verbraucherkultur stützt. Ein Auto an sich ist kein Bedürfnis, sondern eine Strategie, nach der ein Bedürfnis befriedigt wird. Was könnte in diesem Fall das Bedürfnis sein? Vielleicht dient es dem Unterhalt einer Familie oder einer bequemen Fortbewegung, während man seinen Verpflichtungen nachgeht. Der springende Punkt ist, dass diese Bedürfnisse auch von anderen Autos oder anderen Transportmitteln befriedigt werden können.

Problematisch wird es, wenn wir Strategien mit Bedürfnissen verwechseln, was die meisten von uns fast ständig tun. Wir halten den Wunsch, von einer bestimmten Universität angenommen zu werden oder einen bestimmten Job zu bekommen oder eine bestimmte Yoga-Übung zu lernen, für ein Bedürfnis. Aber all dies sind Strategien, um unsere Bedürfnisse zu befriedigen. Haben Sie eine Vermutung, welche Bedürfnisse hinter den oben genannten Fällen stehen? An einer bestimmten Universität zu studieren könnte eine Strategie sein, um das Bedürfnis nach Sicherheit und Individualität zu befriedigen. Dem Wunsch nach einem bestimmten Job könnte ein Bedürfnis nach Gesellschaft oder Kreativität oder (finanzieller) Sicherheit zugrunde liegen. Will man eine bestimmte Yoga-Übung beherrschen, so könnte sich darin ein Bedürfnis nach Freude, einem tieferen Sinn oder körperlichem Wohlbefinden manifestieren.

Bedürfnisse und Strategien auseinanderzuhalten spielt besonders in Beziehungen eine entscheidende Rolle. Paare streiten sich meistens über Strategien. Ein Paar streitet sich zum Beispiel darüber, wo es den Urlaub verbringen soll. Der eine möchte an den Strand und der andere in die Berge. Es sieht aus, als könnten die beiden sich nicht einigen. Aus der Sicht der GFK ist dies ein Streit über Strategien. Wahrscheinlich haben beide dieselben Bedürfnisse, nämlich sich auszuruhen und zu erholen, nur hat jeder eine andere Strategie gewählt, diese Bedürfnisse zu befriedigen. Wenn das Paar sich zuerst auf die Bedürfnisse konzentriert, dann ergeben sich die Strategien meist von selbst aus dem gemeinsamen Wunsch.

Wenn es um Liebe geht, wird es immer interessant, denn für viele Menschen ist Liebe ein Gefühl, aber für die GFK ist sie ein Bedürfnis. Wenn ich eine Strategie entwickelt habe, um von einem bestimmten Menschen geliebt zu werden, und dieser Mensch tut es nicht, dann stecke ich fest, ohne mein Bedürfnis nach Liebe befriedigt zu bekommen. Aber für jedes Bedürfnis gibt es viele verschiedene Befriedigungsstrategien und bei der Liebe ist es nicht anders. Liebe kann ich aus vielen anderen Quellen in meinem Leben schöpfen. Wenn ich Liebe als ein Bedürfnis behandle, bin ich frei, nach anderen Strategien zu suchen, dieses Bedürfnis zu befriedigen.

Schauen wir uns noch einmal eine Situation an, von der wir bereits gesprochen haben. Sie könnte auch so aussehen: „Wenn ich in deinem Zimmer das ungemachte Bett und die Kleidung auf dem Boden sehe, geht es mir nicht gut damit, denn es widerspricht meinen Bedürfnissen nach Ordnung und Schönheit." Dabei mache ich deutlich, dass das Zimmer des Teenagers nicht das Problem ist. Wenn ich die Situation auf diese Art und Weise angehe, mache ich stattdessen deutlich, dass das, was in mir Frustration auslöst, *die in mir aufkommenden Gefühle* sind. Der Zustand des Zimmers ist zwar der Stimulus für meine Gefühle, aber wenn ich so von meiner Beobachtung spreche, wird klar, dass es um meine Bedürfnisse geht. Das Handeln oder Nicht-Handeln des anderen ist nicht Auslöser dieser Gefühle.

Vierter Schritt: Eine Bitte vorbringen

Wann immer ich eine Bitte vorbringe, versuche ich im gleichen Augenblick meine Bedürfnisse zu befriedigen. In diesem Modell scheinen Bitten den einfachsten Teil auszumachen, aber in Wirklichkeit ist es schwieriger, sie klar zu formulieren, als man annehmen möchte.

Bitten haben die folgenden Eigenschaften: Sie beziehen sich auf die Gegenwart und sie sind erfüllbar. Im GFK-Modell verweisen Bitten auf eine bestimmte Handlung, die in der Gegenwart vollzogen werden soll. Ein Beispiel wäre: „Wärest du bereit, dein Bett in den nächsten fünf Minuten zu machen?" oder „Meinst du, du könntest mir jetzt schon sagen, wann du bereit sein könntest, dein Bett zu machen?"

Die Frage „Könntest du mir zeigen, dass du mich liebst?" ist keine Bitte, denn sie ist nicht erfüllbar. Wie sollte einer der beiden Beteiligten wissen, wann die Bitte, „Liebe zu zeigen", als erfüllt gelten kann? Liebe zu zeigen ist nichts, was eine Kamera aufzeichnen könnte. Eine erfüllbare Bitte hingegen könnte so formuliert werden: „Würdest du mich bitte jetzt in den Arm nehmen?" oder „Könntest du dich mit mir fünf Minuten lang auf das Sofa setzen und mir zuhören, was ich dir von meinem heutigen Tag zu berichten habe, ohne mich zu unterbrechen?" Diese Sätze sind Bitten – nicht nur, weil sie sich auf die Gegenwart beziehen, sondern weil Wünsche ausgesprochen werden, die wirklich erfüllt und von beiden Parteien beurteilt werden können. Beide Seiten können ermessen, ob die Bitte erfüllt wurde.

Eine Bitte bezieht sich nicht auf die Zukunft wie: „Würdest du bitte morgen das Auto waschen?" Keiner weiß, was er morgen tun wird. Stattdessen sollten wir unsere Bitten so formulieren: „Kannst du mir jetzt versprechen, das Auto morgen Nachmittag zu waschen?" oder „Kannst du mir jetzt versprechen, dass wir uns Samstag für zehn Minuten zusammensetzen, um zu entscheiden, welche Krankenversicherung wir abschließen wollen?"

Wenn man lernt, Bitten zu äußern, ist es sehr wichtig, den Unterschied zwischen einer Bitte und einer Forderung zu kennen.

Oft kann man nur herausfinden, ob man eine Forderung statt einer Bitte geäußert hat, wenn man sich anschaut, was man tut (oder glaubt zu tun), wenn der andere Nein sagt und die Bitte nicht erfüllen möchte.

Wenn die Bitte „perfekt" formuliert war und Sie dennoch ein Nein ernten, dann haben Sie etwas über Ihre Bedürfnisse dazugelernt. Wenn Sie jedoch anfangen, Druck auf den anderen auszuüben, dann war es eher eine Forderung als eine Bitte. Sie können dabei noch so zuvorkommend gewesen sein und die Forderung noch so freundlich formuliert haben, doch es wird keine Bitte daraus. Die *Erwartung*, eine Bitte erfüllt zu bekommen, gehört nicht zum Geist der spirituellen Sprache.

Eine unausgesprochene Forderung hat etwas mit Macht zu tun. Bei einer echten Bitte bleiben wir offen für das Ergebnis und erlauben dem anderen Nein zu sagen. (Weiter unten wird der nächste Schritt besprochen, mit dem Sie die Erfüllung Ihrer Bitte erreichen können, wenn sie beim ersten Mal abgelehnt wurde.)

Wenn wir also im Zimmer des Teenagers jetzt noch die Bitte hinzufügen, könnte es so klingen: „Wenn ich in deinem Zimmer das ungemachte Bett und die Kleidung auf dem Boden sehe, geht es mir nicht gut damit, denn es widerspricht meinen Bedürfnissen nach Ordnung und Schönheit. Würdest du bitte zehn Minuten deiner Zeit erübrigen, um mit mir gemeinsam jetzt das Bett zu machen und die Kleidung vom Boden aufzuheben und sie in den Schrank zu räumen?"

Dieser Satz beinhaltet nicht nur eine bestimmte Bitte, sondern macht auch deutlich, dass es um Bedürfnisse des Sprechers geht, womit es sehr viel wahrscheinlicher wird, dass der Adressat diesem Wunsch nachkommt.

Die Syntax, die Sie bei der GFK lernen, soll Ihnen helfen, Ihre Absicht offenzulegen – zum Beispiel, dass Sie mit einem anderen Menschen in Verbindung treten möchten – und sich dieser Absicht im selben Augenblick auch bewusst zu sein. Es hat mir (Ike) selbst auch in der Zusammenarbeit mit anderen sehr geholfen, die einfachen Grundformulierungen der GFK wortwörtlich in meine Äußerungen einzusetzen. Es ist wie das Erlernen einer neuen Sprache. Wir nennen diese Formulierungen auch „Stützräder":

„Wenn ich ... höre, dann fühle ich mich ..., weil ich ... brauche; wärst du bereit ... zu tun?"

Die Erfahrung hat gezeigt, dass diejenigen, die diesen Schritt überspringen, länger brauchen, GFK zu lernen, oder vielleicht sogar nie ein Bewusstsein für ihre Bedürfnisse entwickeln.

Die vier Schritte der Gewaltfreien Kommunikation

1. Beobachtung	vs.	Bewertung, Urteil, Auslegung, Diagnose
Aufmerksamkeit, Bewusstsein, Annahme		Über Geschehenes nachdenken, Analyse
Was passiert ist, was der Fall ist, Fakten		Moralische Wertungen, richtig/falsch, gut/schlecht
2. Gefühle	vs.	Gedanken, Ansichten, Meinungen, Vorstellungen
Emotion, Körpergefühl		„Ich fühle mich wie/als ob ..."
Feedback (Rückkoppelung) unserer Gefühle		„Ich fühle mich im Stich gelassen/ zurückgewiesen/verraten ..."
3. Bedürfnisse (Universalität)	vs.	Strategien, konkretes Verhalten (Diversität)
Das Leben leben, allgemeine Qualitäten		Handeln, um Bedürfnisse zu befriedigen
Sprache verbindet mit Lebensenergie		Sprache richtet sich nach Personen, Zeit und Ort
Innere, von Äußerlichkeiten unabhängige Erfahrungen		Oft bedingt durch kulturelle Erfahrungen Hintergründe und Gewohnheiten
4. Bitten (um Handlungen)	vs.	Forderungen (Zwang/Machtausübung) und unklare Wünsche
Bereitwillige, großzügige Reaktion		Ablehnung von Alternativen: muss, sollte, kann nicht
Bitten als Geschenke der Bedürfniserfüllung		Einsatz von Angst, Scham, Schuld- und Pflichtgefühlen
Klare gegenwartsbezogene, positive und aktive Sprache		Konzept von Bestrafung oder Belohnung Unklare, abstrakte, zukunftsbezogene Sprache

Werden die oben aufgeführten Sätze immer wieder als Stützräder eingesetzt, geht das von der GFK geforderte Unterscheidungsvermögen in Fleisch und Blut über: Sie lernen, zwischen Beobachtungen und Urteilen, zwischen Gefühlen und als Gefühle getarnten Bewertungen, zwischen Bitten und Forderungen zu unterscheiden. In der Struktur dieser Sätze sind diese Unterscheidungen so fest verankert, dass Sie sich ihrer sofort bewusst werden, sobald Sie sie aussprechen. Nach meiner Erfahrung sind diese Stützräder das einzige Mittel, mit dem das Unterscheidungsvermögen in Fleisch und Blut übergehen kann. Jeder dieser Sätze erinnert uns an die vier Schritte der Kommunikation ... reine Beobachtungen, Gefühle, Bedürfnisse und Bitten. Wenn diese erst einmal in unserem Bewusstsein verankert sind, können wir auch mit normaler Umgangssprache die gewünschte Verbindung zwischen uns selbst und anderen herstellen. Wenn Ihnen klar ist, dass die Absicht Ihrer Kommunikation die Befriedigung Ihrer Bedürfnisse ist, können Sie sogar Worte benutzen, die bewertend klingen, und dennoch in der Lage sein, mit anderen in Verbindung zu treten. Manche wundern sich, dass sie trotz Einsatzes der „richtigen" Worte nicht die gewünschten Ergebnisse erzielen. Das mag daran liegen, dass sie sich ihrer Absicht nicht bewusst waren. Wenn es Ihre Absicht ist, mit jemanden in Verbindung zu treten, wird die Wortwahl zur Strategie, das zu erreichen. Die einzelnen Wörter und ihre Syntax werden zweitrangig.

Das zentrale Prinzip der Gewaltfreien Kommunikation ist die Konzentration auf die Verbindung von sich selbst mit anderen sowie darauf, aus dieser Verbindung heraus die eigenen Bedürfnisse und die der anderen zu befriedigen. Oft glauben wir, dass wir eine Situation nur klar genug zu analysieren brauchen, um zu bekommen, was wir wollen. Die GFK ist jedoch der Ansicht, dass wir nur dann gemeinsam die Bedürfnisse aller Beteiligten befriedigen können, wenn wir mit unseren eigenen Bedürfnissen und denen der anderen verbunden sind. In der folgenden Tabelle finden Sie eine Reihe von grundlegenden Gefühlen und Bedürfnissen, die Ihnen helfen können, sich klarer auszudrücken.

Gefühle und Bedürfnisse

Gefühle			
Enttäuscht	**Traurig**	**Ängstlich**	**Überfordert**
ungeduldig	einsam, bedrückt	verängstigt	schockiert
gereizt	verletzt, gequält	erschrocken	erschöpft
verärgert	untröstlich	nervös	hilflos
aufgeregt	verzweifelt	angsterfüllt	teilnahmslos
empört	bekümmert	hoffnungslos	müde
Verwirrt	**Friedlich**	**Liebevoll**	**Glücklich**
unschlüssig	ruhig	warm	froh
beunruhigt	zufrieden	sanft	begeistert
verlegen	befriedigt	verständnisvoll	erfreut
misstrauisch	entspannt	freundlich	entzückt
ratlos	ruhig, still	lieb	zuversichtlich
Verspielt	**Interessiert**		
energisch	inspiriert		
aufgeschlossen	leidenschaftlich		
abenteuerlustig	neugierig		
schelmisch	überrascht		
lebendig, lebhaft	fasziniert		

Bedürfnisse		
Wohlbefinden	**Verbindung**	**Ausdruck**
Lebensunterhalt, Ernährung	Liebe, Anerkennung	Feiern, Spielen
Sicherheit, Sorglosigkeit, Schutz	bedeutend und geborgen sein	sehen, gesehen werden
Gesundheit, Wohlfühlen	Intimität, Freundschaft	Authentizität, Kongruenz
Bewegung, Erholung	Respekt, Rücksichtnahme	Autonomie, Freiheit
Ruhe	Gleichheit, Gemeinschaft	Entscheidung
Ausgeglichenheit, Ordnung	Gemeinde, Zugehörigkeit	Bedeutung
Behaglichkeit, treiben lassen	kennen und gekannt werden	Kreativität
Frieden, Harmonie	Zusammenarbeit, Unterstützung	Mitwirkung
Berührung	Gegenwart, Bewusstheit	Inspiration
Wachstum, Lernen, Effizienz	Verständnis, Klarheit	Humor
Ganzsein	Ehrlichkeit, Vertrauen	Leidenschaft
Schönheit	Bestimmung	Integrität
	Macht, Einfluss	Dankbarkeit
	Anschluss, Gegenseitigkeit	

Übungen zur Anwendung Gewaltfreier Kommunikation

Beobachtungen

···⟩ Schreiben Sie drei Urteile über andere und drei Urteile über sich selbst auf, die Ihnen in der letzten Woche durch den Kopf gegangen sind. Dann schreiben Sie diese Urteile um in Beobachtungen.

···⟩ Benutzen Sie eine Woche lang täglich bei drei Interaktionen die Beobachtungssprache. Schreiben Sie diese auf und tauschen Sie sich mit einem Übungspartner aus – einem Freund, der Ihnen Empathie geben kann und dem gegenüber Sie genauso positiv eingestellt sind. Sie können sich bei Bedarf gegenseitig helfen oder Sie können regelmäßig entweder direkt oder telefonisch miteinander sprechen.

Gefühle

···⟩ Halten Sie eine Woche lang täglich um 9, 12, 15 und 18 Uhr inne, werden Sie sich Ihrer Gefühle bewusst und schreiben Sie diese auf.

···⟩ Welche Gefühle kommen heute in Ihnen auf, wenn Sie glauben, recht zu haben? Schreiben Sie sie auf.

Bedürfnisse

···⟩ Halten Sie um 9, 12, 15 und 18 Uhr inne, werden Sie sich Ihrer Bedürfnisse bewusst und schreiben Sie diese auf. Denken Sie daran, dass Bedürfnisse allgemeiner Natur sind und in uns unabhängig voneinander auftauchen.

···⟩ Denken Sie an drei Gelegenheiten in den letzten Tagen, bei denen Sie glaubten, Ihre „Bedürfnisse" zum Ausdruck gebracht zu haben, in Wirklichkeit aber Strategien als Bedürfnisse ausgegeben haben. Schreiben Sie sie auf.

Bitten

···⟩ Denken Sie an eine Bitte, die Sie drei Menschen gegenüber äußern möchten. Es kann sich um dieselbe Bitte oder drei verschiedene Bitten handeln. Schreiben Sie diese Bitten auf und bearbeiten Sie diese nach den Prinzipien der GFK. Dann äußern Sie sie und schauen, was passiert.

···⟩ Hören Sie alles, was Menschen Ihnen sagen, als einen Ausdruck von „Bitte" oder „Danke". Machen Sie sich bewusst, wie anders Sie sich fühlen, wenn Sie die gemachten Äußerungen als Bitten verstehen. In diesem Fall hören Sie die mitschwingende Bitte Ihres Gesprächspartners entweder als „Bitte erfüllen Sie meine Bedürfnisse" oder „Danke für die Erfüllung meiner Bedürfnisse". Das stimmt immer, egal welche Worte benutzt wurden.

3. Vier Möglichkeiten der Kommunikation

Eine neue Idee wird zuerst als unsinnig verurteilt,
dann als lächerlich hingestellt, bis sie schließlich
als selbstverständlich akzeptiert wird.

— WILLIAM JAMES

Mit der spirituellen Sprache lassen sich die Lehren von *Satya* und die „Rechte Sprache" zwar ins tägliche Leben integrieren, aber ohne eine Technik wie die der Gewaltfreien Kommunikation bleiben ihre Werte und Ideale auf der Strecke. Es bleibt die Frage: Wie können wir die Ideen von *Satya* und der „Rechten Sprache" auf eine Weise leben, die uns zu uns selbst bringt, und gleichzeitig eine Welt erschaffen, in der wir leben wollen?

Wenn wir anfangen, GFK zu lernen, denken wir meist, es gehe nur um die Wortwahl in unserer Sprache oder darum, ganz bestimmte Worte einzusetzen. Es ist zwar wichtig, die „Stützräder" zu nutzen und die in Kapitel 2 vorgestellten Übungssätze zu verwenden, doch es ist noch wichtiger, sich an den Ausgangspunkt zu erinnern: Die Anwendung der GFK erfordert zuallererst einen inneren Wandel in unserem Bewusstsein. Nur dann können wir diese Sprache wirkungsvoll einsetzen. Denken Sie daran, wie wertvoll es ist, sich zunächst mit sich selbst zu verbinden und den inneren Wandel zuzulassen. Erst dann sollten Sie versuchen die Sprache der GFK einzusetzen. Setzen Sie die Fähigkeiten ein, die Sie in Ihrem Yoga-Kursus oder Ihren Meditationsstunden gelernt haben, oder halten Sie einfach inne und nehmen wahr, was in Ihnen vorgeht. Ohne diese Selbst-Wahrnehmung vergessen wir, dass *alles, was wir sagen, immer auf uns selbst zutrifft,* besonders wenn es um unsere Gefühle und Bedürfnisse geht. Es geht *nie* um die Gefühle oder Bedürfnisse der anderen, denn was wir sagen, entspricht immer unserer Wahrnehmung dessen, was ist. Das stimmt auch dann, wenn unsere Worte so klingen, als redeten wir über eine oder zu einer anderen Person.

Möglichkeit 1: Den Fokus auf stille Selbst-Empathie richten

Es ist wichtig, bei sich selbst anzufangen, besonders solange wir noch lernen. Die meisten von uns sind durch einen kulturellen Hintergrund und eine Religion geprägt worden, die es als Egoismus verurteilen, wenn man sich selbst in den Mittelpunkt stellt. Nichts könnte uns mehr vom wahren Weg abbringen. Wenn und solange wir uns unserer Gefühle und Bedürfnisse nicht bewusst sind, werden wir kaum in der Lage sein, mit anderen eine Beziehung aufzubauen. Wenn wir mit uns selbst nicht im Reinen sind, erschaffen wir mit unseren Worten Konsequenzen (Karma) für alle Beteiligten, die uns wahrscheinlich nicht gefallen.

Unsere Worte leben in unseren Beziehungen weiter und ihre Auswirkungen werden von Generation zu Generation als „emotionale DNA" weitergegeben. Die emotionale DNA spielt bei der Gestaltung unseres Lebens eine genauso mächtige Rolle wie unsere physische DNA, die wir von unseren Vorfahren geerbt haben. Die emotionale DNA erschafft die unser Leben kontrollierenden Muster für unser Denken, unseren Glauben und unser Handeln. Wenn wir uns mit Selbst-Empathie bewusst machen, was in uns aufkommt, können wir größere Klarheit über unsere geerbten Sprachmuster erlangen. Aus diesem Bewusstsein heraus erwächst eine Wahlmöglichkeit und wir können anfangen, unsere Sprache so zu benutzen, dass wir uns selbst, unsere Kinder und die ganze Welt heilen können.

Um Selbst-Empathie zu üben, machen Sie es sich am besten sitzend oder liegend an einem ruhigen Ort bequem und erinnern sich an etwas, das Sie heute von jemandem gehört haben und das eine Reaktion in Ihnen ausgelöst hat. Vielleicht schreiben Sie den Wortwechsel sogar auf, um ihn in Gedanken zu verlangsamen. Wenn Ihnen die Situation gedanklich klar ist, reduzieren Sie sie auf einen einfachen Satz, den der andere zu Ihnen gesagt hat. Benutzen Sie am Anfang Beobachtungssprache.

Das heißt, Sie sagen sich: „Wenn ich daran denke, dass Tom .... sagte (machen Sie eine Beobachtung), dann fühle ich mich .... (nennen Sie das Gefühl, das in Ihnen aufkommt), weil mein Bedürfnis nach .... nicht erfüllt ist." Achten Sie darauf, dass Ihre Beobachtung genau wiedergibt, was die andere Person sagte oder tat, und dass Sie sie nicht beurteilen. Wörter wie unordentlich, spät, gut, gemein und verwirrend sind Werturteile und darum verboten.

Versuchen Sie das mehrmals und experimentieren Sie mit verschiedenen „Gefühls"-Wörtern und verschiedenen „Bedürfnis"-Wörtern. Sie werden es sofort spüren, wenn Sie die richtigen Wörter finden. Wenn man in sich auf ein solch lebendiges Gefühl oder Bedürfnis trifft, kann das zu physischen Reaktionen wie Weinen oder euphorischen Gefühlsausbrüchen führen.

Hören Sie nicht auf, bis Sie irgendeine Art von Bestätigung bekommen haben, die nicht nur intellektuelles Bewusstsein ist. Dieser energetische Wandel ist die Manifestation, die Sie mit Ihrem innersten Selbst verbindet. Sie haben Mitgefühl für sich selbst und das, was in Ihnen lebendig ist. Jetzt dient das Leben dem Leben. Das zu benennen, was sich im Innern abspielt, hat eine heilende Wirkung.

Ob Sie mit sich selbst verbunden sind, werden Sie schließlich auch an einer gewissen Neugier erkennen. Sie fragen sich, was wohl in den anderen vorgegangen ist, als die Kommunikation stattfand, oder was sich auch jetzt noch in Ihnen abspielt. Wir raten Ihnen, mit der stillen Selbst-Empathie so lange fortzufahren, bis diese Neugier in Ihnen auftaucht. Das kann länger als nur eine Sitzung dauern.

Wenn Sie sich zwingen, sich für das zu interessieren, was in den anderen vor sich geht, bevor Sie wirklich dazu bereit sind, dann können Gedanken auftauchen wie „Es ist mir egal, was der und der jetzt fühlt oder braucht." Wenn das passiert, fahren Sie mit Ihrem Selbst-Empathie-Prozess fort, bis Sie mit offenem Herzen und Mitgefühl an die anderen denken können oder wenigstens ein wenig Neugier für die andere Seite in Ihnen aufkommt.

Möglichkeit 2: Den Fokus auf den Selbst-Ausdruck richten

Die zweite Möglichkeit der Kommunikation ist der Selbst-Ausdruck. Das bedeutet, dass Sie Ihrem Gesprächspartner gegenüber laut und deutlich erklären, was in Ihnen vorgeht. Auch hierbei sollten Sie in der Lernphase noch die Übungssätze benutzen: „Als ich hörte, wie du die Tür mit mehr Schwung zugemacht hast, als mir lieb ist, war ich verärgert, denn meine Bedürfnisse nach Respekt und Frieden waren nicht befriedigt." (Achten Sie darauf, die Beobachtungssprache zu benutzen, also „mit mehr Schwung, als mir lieb ist" statt „zugeknallt". „Zuknallen" vermittelt ein Urteil, über das der andere sich herrlich mit Ihnen streiten kann.) Versäumen Sie nicht, auf diesen Selbstausdruck eine erfüllbare Bitte folgen zu lassen. Sollten Sie es bei dem ersten Satz belassen, könnte der andere sich sehr wohl mit Ihnen streiten und Dinge sagen wie: „Ich habe die Tür nicht zugeknallt" oder „Das sagst du immer" oder „Ich kann dir gar nichts recht machen, oder?" Ohne eine erfüllbare Bitte nehmen die anderen die Beobachtungen, Gefühle und Bedürfnisse oft als Kritik wahr. Sie sollten Ihrem Selbst-Ausdruck sofort eine Bitte folgen lassen, wie weiter unten noch ausführlicher erklärt wird.

Der ganze Wortwechsel könnte dann lauten: „Als ich hörte, wie du die Tür mit mehr Kraft zugemacht hast, als mir lieb ist, war ich verärgert, denn meine Bedürfnisse nach Respekt und Frieden waren nicht befriedigt. Sag mir doch bitte ...". An dieser Stelle äußern Sie Ihre Bitte, zu der wir im Abschnitt über die vierte Kommunikationsmöglichkeit noch mehr sagen werden. Achten Sie darauf, dass die gesamte Äußerung nicht mehr als dreißig Wörter umfasst. Mit einer größeren Anzahl Wörtern riskiert man, die Verbindung zu unterbrechen.

Vergessen Sie nicht, dass selbst, wenn Sie Ihre Bitte in „perfekter" GFK-Sprache äußern, Ihr Gesprächspartner dennoch Kritik und Verurteilung heraushören kann. Wenn das passiert, geben Sie sich selbst erneut Empathie und starten einen neuen Versuch. Denken Sie daran, dass GFK genau wie Yoga und Meditation viel Übung braucht. Ihr vorrangiges Ziel ist nicht die perfekte Anwendung, sondern die Verbindung mit sich selbst und mit Ihrem Gesprächspartner. In dieser Verbindung liegt das Potenzial, die Welt zu verändern.

Möglichkeit 3: Den Fokus auf das Geben von Empathie richten

Die dritte Möglichkeit ist, Ihrem Gesprächspartner entweder zu Beginn oder während Ihres Kommunikationsprozesses Empathie zu geben. Das kann still in Ihrem Herzen passieren oder laut ausgesprochen werden. Als ich (Judith) zuerst von stiller Empathie hörte, war ich nicht sehr beeindruckt. Ich dachte, wie kann das, was ich denke, einen Einfluss haben, wenn ich meinem Gegenüber nicht sage, was ich denke?

Als ich dann dieses stille Geben von Empathie ausprobierte, war ich über das Ergebnis sehr erstaunt. Ich erlebte am eigenen Leibe, dass sich ein Wandel vollzog, wenn ich einem anderen Menschen im Stillen Empathie gab. *Und dieser Wandel vollzog sich in mir.* Der Grund ist einfach: Um mich im Stillen in mein Gegenüber hineinzuversetzen, muss ich mich zuerst in mich selbst hineinversetzen. Als ich anfing, die Gewaltfreie Kommunikation zu praktizieren, konnte meine stille Selbst-Empathie Minuten, Stunden oder Tage dauern. Heute habe ich mehr Übung darin, sodass ich manchmal den von der Selbst-Empathie ausgelösten Wandel schon nach Sekunden spüren und so auch unmittelbar dem anderen entgegenbringen kann. Ich erlebe Selbst-Empathie und Empathie für andere praktisch als ein und denselben Prozess, wie ein Kontinuum.

Stille Empathie für andere Menschen verursacht einen Wandel in meiner Ausdrucksweise und in meiner Körpersprache, die mein Gegenüber wahrnimmt. Dieser Wandel ist manchmal zwischen uns sehr greifbar, und immer wenn ich mich verändere, spürt der andere das und verändert sich ebenfalls. Ike und ich wundern uns immer wieder und freuen uns darüber, welche Kraft davon ausgeht, wenn dem anderen stille Empathie entgegengebracht wird.

Stille Empathie geben heißt intuitiv zu erkennen oder zu erahnen, was der Gesprächspartner in dem Moment fühlen oder benötigen könnte. Fangen Sie mit der Beobachtungssprache an, in der Ihr innerer Dialog so lauten könnte: „Als ich sie sagen hörte ...., fühlte sie vermutlich .... und hatte das Bedürfnis ...." Es ist unwichtig, ob Sie mit Ihrer Vermutung richtig liegen. Der Wandel wird dadurch eingeleitet, dass Sie sich mit Ihren eigenen Bedürfnissen in den anderen hineinversetzen. Wenn Sie Mitgefühl entwickeln, wächst die Wahrscheinlichkeit, dass Sie sagen, was Sie wirklich sagen wollen.

Sie können die Empathie, die Sie einem anderen Menschen geben, auch laut aussprechen. Denken Sie daran, dass Sie mit Ihren Vermutungen nicht richtig liegen müssen. Es geht nur darum, die Absicht anzuerkennen, sich mit dem anderen zu verbinden. Diese Absicht spiegelt den Geist von *Satya* wider, der nicht nur die Wahrheit sagt, sondern dem der Wunsch nach einer besseren Welt innewohnt. Am einfachsten lernt man empathisches Vermuten, indem man es tut. Geben Sie sich selbst jedes Mal stille Empathie, wenn Sie merken, dass Sie innerlich jemanden verurteilen, und versuchen Sie es dann mit anderen. Sie werden staunen, was passiert! (Am Ende des Kapitels finden Sie Übungen für empathisches Vermuten.)

Wenn Sie den Weg der Empathie gehen wollen, sollten Sie den Unterschied zwischen Empathie und Sympathie kennen. Empathie ist auf andere und deren Gefühle und Bedürfnisse gerichtet. Sympathie hingegen entsteht, wenn Sie dem anderen zuhören und dann die Betonung auf sich selbst lenken, um eine Verbindung aufzubauen wie in diesem Beispiel: „Ich weiß, wie Sie sich fühlen müssen. Mein Hund starb letzten März." Sympathiekundgebungen werden zwar oft in guter Absicht geäußert, aber sie lenken von der Verbindung mit dem Gegenüber und zu sich selbst ab. Achten Sie darauf, wann Sie Sympathie statt empathische Vermutung einsetzen.

Eine meiner (Ike) Erfahrungen ist ein hervorragendes Beispiel für das Geben von Empathie. Im Januar 2002, als wir alle noch unter den Nachwirkungen vom 11. September und der Entführung des für das *Wall Street Journal* arbeitenden Reporters Daniel Pearl litten, boten GFK-Trainer John Kinyon und ich im Shamsatu-Flüchtlingslager, in der Nähe von Peshawar in Pakistan, ein dreitägiges GFK-Konfliktlösungsseminar an.

Unsere Fahrt durch Pakistan führte uns in den Nordwesten des Landes, in die Nähe der Grenze zu Afghanistan, nahe dem Khyber Pass. Unsere Zutrittserlaubnis für die Lager musste von Lt. Col. Abdula Hafeez ausgestellt werden, dem Leiter der obersten Sicherheitsbehörde, welche für alle Lager und 1,1 Millionen afghanische Flüchtlinge zuständig war. Wir beantworteten fast zehn Minuten lang seine skeptischen Fragen, während wir versuchten, ihm die Idee zu „verkaufen", unser Trainings-Seminar anzubieten, aber verständlicherweise sträubte er sich, uns die Erlaubnis zu erteilen. Sein Wandel von Skepsis zu Einwilligungsbereitschaft konnte erst stattfinden, als wir zehn Minuten lang Vermutungen anstellten, welche Gefühle und Bedürfnisse er wohl hatte. Dann lehnte er sich in einem blitzschnellen Sinneswandel vor und stellte uns einen Pass aus, der uns nicht nur Zutritt zum Lager verschaffte, sondern auch noch zwei Sicherheitsoffiziere zur Verfügung stellte und dem Lagerverwalter die Anweisung gab, dass er uns jederzeit überallhin begleiten sollte. Darüber hinaus gab er Anweisung, dass das Lager vorab informiert werden sollte, dass alle älteren Lagerinsassen zu unserem Training einzuladen seien.

Wir boten unsere Trainingseinheiten den Führern aller im Lager vertretenen Stämme an. Insgesamt lebten 1.100 Familien im Lager, die während vieler Jahre der Gewaltherrschaft aus Afghanistan geflohen waren. Ursprünglich hatten wir geplant, vom ersten Tag an die Regeln der GFK zu unterrichten, aber es herrschte so viel Leid, dass wir die ersten zwei Tage lang nicht weiterkamen, als Empathie zu geben. Diese Menschen hatten jahrelang in sogenannten „Übergangslagern" gelebt, in denen von vielen viel versprochen, jedoch nie eingehalten wurde. Sie lebten in einem fremden Land, ihre Kinder kannten nichts von dem, was für uns selbstverständlich ist, und ihre Zukunft war, gelinde gesagt, ungewiss.

Statt unseren Lehrplan wie geplant durchzuziehen, gingen wir auf den greifbaren Kummer und Schmerz ein, den wir allein durch unsere amerikanische Staatsangehörigkeit auslösten. Was die Vereinigten Staaten in Afghanistan getan hatten – sie hatten das Land direkt nach dem Rückzug der Sowjets verlassen und ihr Unterstützungsversprechen nicht eingehalten –, war zum Teil mitverantwortlich für das Leid, das uns entgegenschlug. All der Schmerz, der sich in fast 25 Jahren der Unruhe und des Krieges angesammelt hatte, kochte über, als wir diesen Männern begegneten. Bei jedem Empathie-Zyklus konnten wir deutlich das Wunder der empathischen Verbindung erleben. Jedes Mal, wenn wir mit unseren Vermutungen über ihre Gefühle und Bedürfnisse richtig lagen, verstummten die Stammesführer. Sie senkten die Blicke und die 25 um sie herum auf dem Boden sitzenden Männer stimmten leise murmelnd zu. Die Augen- und Kinnmuskulatur des Sprechers entspannten sich und Tränen standen ihm in den Augen. Dieser Reaktion folgten zehn oder zwanzig Sekunden nachdenkliches Schweigen ohne jeglichen Augenkontakt. Die empathische Verbindung war greifbar. Allein in den ersten zwei Tagen erlebten wir zehn dieser Zyklen.

Wieder einmal machten wir die Erfahrung, dass Bedürfnisse universal und allen Menschen eigen sind, auch wenn diese Erfahrungen aus dem Englischen ins Urdu und dann in die paschtunische Sprache und manchmal sogar noch ins Usbekische, Tadschikische, Turkmenische oder ins Parsische aus dem Stegreif übersetzt werden. Nach außen scheinen uns die Unterschiede in Kleidung, Lebenserfahrung, Kultur, Erziehung und finanziellen Mitteln voneinander zu trennen, doch als wir unsere Gefühle und Bedürfnisse miteinander teilten, konnte ich hinter diesen Unterschieden sehen, wie sehr wir uns im Grunde gleichen. Diese Männer wollten genau wie ich für das Wohl ihrer Familien und anderer sorgen und waren verzweifelt, weil sie sich geordnete Verhältnisse und Stabilität wünschten. Sie wünschten sich Erziehung für ihre Kinder und dass gemachte Versprechen gehalten wurden. Sie sehnten sich nach Hoffnung, Hoffnung für eine Welt, in der, wie einer der Männer so schön formulierte, Ärzte als Ärzte, Ingenieure als Ingenieure und Ladenbesitzer als Ladenbesitzer arbeiteten und nicht, wie so oft, als Schwerarbeiter endeten.

Unser letzter Tag war ein Freitag, ein im Islam heiliger Tag. Am Morgen lud uns einer der Männer ein, ihn am Nachmittag zum Gebet in der Moschee zu begleiten. Sofort widersprach ein anderer und meinte, wir dürften nicht in die Moschee, weil wir keine Muslime seien. Wir hatten nach einem „echten" Konflikt gesucht, um ihn in der Gruppe als Beispiel zu benutzen. John Kinyon ergriff diese Gelegenheit. Ich hatte Bedenken, dass das Thema unseres Rollenspiels vielleicht nicht ganz so real

und heikel sein sollte wie das eines Nichtgläubigen in einem islamischen Gottes-
dienst, aber dann entschieden wir uns doch dafür. Schließlich war dieses Thema in
der Gruppe aufgetreten.

Die Einladung in die Moschee wurde unser Konfliktbeispiel. Mit etwas Hilfe wurden die Bedürfnisse identifiziert. Diejenigen, die wollten, dass wir mit ihnen zum
Gebet in die Moschee kamen, brauchten Verständnis, Verbindung und Aufklärung.
Diejenigen, die dagegen waren, brauchten Respekt vor dem, was ihrer Welt Sinn gab
– ihre Religion. Beide Seiten spiegelten der jeweils anderen diese Bedürfnisse wider.
Dann stellte John seine Frage: „Gibt es jemanden hier, der diese Bedürfnisse nicht
teilt?" Ein aufgeregtes Raunen erfüllte den Raum, während sich Einsicht und Bewusstsein einstellten. Nein, natürlich nicht, schienen sie sich einig zu sein. Wir haben alle diese Bedürfnisse und wir können sie in uns und den anderen respektieren.

Das Brainstorming für die Entwicklung einer Strategie, diese Bedürfnisse zu befriedigen, dauerte nicht lange. Rückblickend war unsere Lösung sehr einfach, wie
so oft, wenn jeder Beteiligte sich berücksichtigt fühlt. Wir waren uns alle einig,
dass die Westler im Raum, die nicht im Islam groß geworden waren, eine 15- oder
20-minütige Erklärung der Zeremonie bekommen sollten und dann vor den Türen
der Moschee sitzen durften, um von dort aus zuzuschauen. Zum abschließenden
Freitagnachmittagsgebet sollten sie in der Moschee begrüßt werden. Wir hatten unseren „Konflikt" auf eine Weise gelöst, die uns mit ihnen, sie mit uns und uns alle
miteinander verband. Diese Erfahrung hat John und mich tief bewegt und sie gibt
mir Hoffnung für eine bessere Welt.

Am Ende unserer letzten Sitzung sagte uns einer der Führer über das GFK-Training:
„Wenn wir das könnten, hätten wir keinen Krieg mehr."

Möglichkeit 4: Den Fokus auf andere richten – Bitten

Nachdem Sie Selbst-Ausdruck und Empathie für andere geübt haben, wird es allerhöchste Zeit, eine Bitte zu äußern. Es gibt zwei Arten von Bitten. Die erste ist eine *Handlungsbitte*, mit der Sie einfach jemand anderen darum bitten, für Sie eine Handlung auszuführen. Das klingt zwar ganz leicht, wir haben jedoch oft feststellen müssen, dass es ziemlich schwierig sein kann.

Nach dem 11. September wollten Ike und ich dem Präsidenten einen Brief schreiben, um ihm gegenüber unsere Gefühle und Bedürfnisse zusammen mit einigen Bitten bezüglich des weiteren Verlaufs und der Handlungen auszudrücken, die wir uns von ihm wünschten. Wir stellten fest, dass es uns leichter fiel zu schreiben, was er nicht tun sollte, und wir brauchten mehrere Tage, bis wir endlich formulieren konnten, welche weiteren Aktionen wir uns von ihm wünschten. Wir schrieben ihm, dass wir den Einsatz der Justiz und der Polizei einem militärischem Einsatz vorziehen würden.

Während Ike GFK bei juristischen Schlichtungen einsetzte, wandte ich sie in meinen Yoga-Kursen an. Mir gefiel, wie GFK mir dabei half, meine Bitten den Teilnehmern gegenüber klar zu äußern. Eigentlich äußere ich jedes Mal eine Bitte, wenn ich in meinem Yoga-Unterricht „Utthita Trikonasana" sage. Ich kann meine Schüler nicht dazu „bringen", diese Position einzunehmen, ohne sie zu fragen. Die Frage ist also, wie frage ich sie? Frage ich sie so, dass meine Bitte sehr wahrscheinlich erfüllt wird, oder frage ich sie auf eine Weise, die wie eine Forderung aufgefasst wird? Wenn ich diese Position einfordere oder verlange, schaffe ich zwischen den Schülern und mir eine Distanz. Wenn ich jedoch eine richtige Bitte äußere, bleibe ich offen, nicht nur in der Wahl meiner Worte, sondern auch für die Reaktionen darauf. Wenn ich statt einer Forderung eine Bitte äußere, zeige ich Respekt vor den Schülern und vor mir selbst. Ich rechne damit, dass Bitten, mit Bewusstsein, Respekt und Offenheit geäußert, eine Verbindung zwischen den Schülern und mir erschaffen. Und genau das möchte ich: Verbindung und Mitgefühl zwischen den Menschen. Ich kann anfangen, diese Verbindung herzustellen, wenn ich mir klar darüber bin, ob ich Forderungen oder Bitten äußere.

Dieser Unterschied wird nicht dadurch bestimmt, wie meine Worte klingen. Es ist wichtig, dass ich den Unterschied dadurch erkenne, wie ich mich in meinem Körper fühle, wenn die Bitte oder die Forderung abgelehnt wird. Wenn es eine Bitte war, kann ich noch einmal auf andere Weise fragen und versuchen herauszufinden, was den Schüler davon abhält, meine Bitte zu erfüllen. Wenn meine Bitte aber in Wirklichkeit eine Forderung war, dann löst die Ablehnung eine Reaktion in meinem

Körper aus, die oftmals von dem Gefühl begleitet ist, dass der Schüler tun sollte, wozu ich ihn auffordere.

Bevor ich GFK gelernt hatte, habe ich mich als Yoga-Lehrerin manchmal geärgert, wenn ein Schüler im Unterricht nicht tat, worum ich ihn bat, und ich nicht verstand, warum. Wenn ich zum Beispiel eine Schülerin bitte, den Handstand zu versuchen, und sie zögert, habe ich sie dann gefordert oder gebeten? Wie kann ich so bitten, dass es für den Schüler reizvoll ist, den Handstand zu versuchen?

Wenn ich eine wahre Bitte äußere, dann ist diese reizvolle Wahl eine echte Möglichkeit. Indem ich mich und meine Schüler immer wieder daran erinnere, dass wir uns jederzeit neu entscheiden können, stelle ich neue Weichen. So kann Kommunikation zutiefst befriedigend sein, unter anderem auch, weil sie die Welt widerspiegelt, wie sie wirklich ist. Dadurch, dass ich frage „Wollen/Möchten Sie ... tun?", mache ich deutlich, dass ich mir von dem anderen nur das wünsche, was er bereit ist zu tun. Wenn er meine Bitte nur erfüllt, weil er sich dazu verpflichtet fühlt, „zahlen wir beide die Rechnung", weil es keinen von uns befriedigt. Nur wenn er meine Bitte erfüllt, weil er es selbst auch möchte, dann sind wir miteinander verbunden und befriedigen unser beider Bedürfnisse. Im spirituellen Sinn wird die Erfüllung der Bitte eine Art Dienst am anderen. Neben der *Handlungsbitte* gibt es die *Prozess- oder Beziehungsbitte,* mit der beispielsweise gefragt wird: „Würden Sie mir bitte sagen, was Sie gerade von mir gehört haben?" Oder: „Wie fühlen Sie sich, wenn Sie hören, was ich gerade gesagt habe?"

Nach unserer Erfahrung sind beide Bitten sehr gut verwendbar. Die erste, „Würden Sie mir bitte sagen, was Sie gerade von mir gehört haben?", ist ein Versuch sicherzustellen, dass die Botschaft, die Sie mit Ihren Beobachtungen, Gefühlen und Bedürfnissen ausgesendet haben, auch wirklich empfangen wurde. Dieser Prozess erinnert mich manchmal an die „Stille Post", die wir als Kinder gespielt haben. Dabei wurde in einem Kreis von Kindern eine Geschichte von einem zum nächsten ins Ohr geflüstert, bis das letzte Kind sie laut verkündete. Dieses Spiel macht Spaß, weil die am Ende laut wiedergegebene Geschichte meist wenig mit dem zu hatte, was das erste Kind in die Runde gegeben hatte.

Dasselbe passiert, wenn Erwachsene miteinander kommunizieren. Sie können noch so sicher sein, sich klar ausgedrückt zu haben, und doch hört der andere nicht, was Sie sagen oder meinen. Versuchen Sie es mal mit einem Freund oder Ihrem Übungspartner. Wiederholen Sie so lange, was Sie hören, oder fragen nach, was von Ihrem Gesagten verstanden wurde, bis der Sender der Botschaft zufrieden ist, weil er richtig verstanden wurde.

Wenn Sie Ihren Gesprächspartner fragen, was er gehört hat, befriedigen Sie Ihre eigenen Bedürfnisse nach Klarheit und Verbindung. Dabei ist es wichtig, dass der andere sich nicht geprüft fühlt. Das können Sie sicherstellen, indem Sie seiner Antwort aufmerksam zuhören und sich dafür bedanken, indem Sie zum Beispiel sagen: „Ich danke Ihnen, dass Sie bereit sind, mir zu sagen, was Sie gehört haben." Wir meinen, dass man sich in jedem Fall bedanken sollte, egal was der Gesprächspartner antwortet. Schließlich hat er getan, worum er gebeten wurde. Wenn er etwas anderes verstanden hat, als Sie vermitteln wollten, dann wissen Sie es jetzt und können einen neuen Versuch starten, richtig verstanden zu werden. Erst wenn Sie sicher sind, dass Sie richtig verstanden wurden, fahren Sie mit der Kommunikation fort, indem Sie Ihre Bitte erneut äußern oder die nächste formulieren.

Wenn Sie nicht davon überzeugt sind, dass Ihr Gesprächspartner Sie verstanden hat, starten Sie einen neuen Versuch. Teilen Sie Ihre Kommunikation in kleinere Einheiten auf. Sie könnten zum Beispiel sagen: „Ich möchte von Ihnen noch etwas anderes hören. Lassen Sie es mich so ausdrücken ..." Dann geben Sie ihm einen kleineren Teil der Information, die für Sie wahr ist, und benutzen dafür wenn möglich weniger Worte. Anschließend bitten Sie ihn, Ihnen zu sagen, was er gehört hat. Wenn das Ergebnis wieder negativ ist, fangen Sie erneut mit Selbst-Empathie und Empathie für den anderen an. Vielleicht ist Ihr Gesprächspartner nicht in der Lage, Ihre Aussage zu wiederholen, weil sein Bedürfnis nach Empathie immer noch nicht befriedigt ist. Sollten Sie jedoch mit dem Ergebnis zufrieden sein, fahren Sie mit Ihrer Kommunikation fort.

Die zweite *Prozess-* oder *Beziehungsbitte,* „Wie fühlen Sie sich, wenn Sie hören, was ich gerade gesagt habe?", ist ein Versuch, schneller herauszufinden, ob die Bedürfnisse des Zuhörers befriedigt wurden oder nicht. Vielleicht haben Sie ja etwas gesagt, was für Ihren Gesprächspartner von solch großer Bedeutung ist, dass er überwältigt oder verwirrt ist. Die Kommunikation wird sehr wahrscheinlich nicht den von Ihnen gewünschten Verlauf nehmen, wenn Ihr Gesprächspartner zum Beispiel von Ihren Äußerungen irritiert ist und Sie es nicht merken. Außerdem helfen Sie ihm, sich mit seinem eigenen inneren Zustand zu verbinden, wenn Sie ihn bitten, Ihnen zu sagen, wie er sich fühlt. Sie stimulieren nicht nur seine Eigenwahrnehmung, sondern verbinden Sie beide mit dem Jetzt. Das ist das Wesen der spirituellen Sprache.

Möglichkeiten der Kommunikation

Wo liegt mein Fokus?	Stille Kommunikation	Gesprochene Kommunikation
Bei mir selbst?	*Möglichkeit 1* *Selbst-Empathie:* Mir selbst klarmachen, was ich beobachte, was ich fühle, welche Bedürfnisse ich habe, welche Bitte ich habe	*Möglichkeit 2* *Selbst-Ausdruck:* Sagen, wie ich mich fühle und bitten, um was ich möchte, ohne jemanden zu beschuldigen, zu kritisieren oder Forderungen zu stellen
Beim anderen?	*Möglichkeit 3* *Stille Empathie:* Vermuten, was der andere beobachtet und fühlt und welche Bedürfnisse und Bitten er hat	*Möglichkeit 3* *Empathie geben:* Vermuten, wie die anderen sich fühlen und welche Bitten sie haben, ohne jemanden zu beschuldigen, zu kritisieren oder Forderungen zu stellen
Beim anderen?		*Möglichkeit 4* *Eine Bitte äußern:* Eine Bitte, Handlungsbitte oder eine Prozess-/Beziehungsbitte äußern und um Feedback bitten

Zwei Arten von Bitten

Handlungsbitten	Eine Strategie, um die Bedürfnisse aller Beteiligten zu befriedigen: „Sind Sie bereit, ... zu tun?"
Prozess-/ Beziehungsbitten	Anregung zum Nachdenken: „Würden Sie mir bitte sagen, was Sie gerade von mir gehört haben?" Um eine Resonanz zu bekommen: „Wie fühlen Sie sich, wenn Sie hören, was ich gerade gesagt habe?"

Übungen zur Anwendung Gewaltfreier Kommunikation

Selbst-Empathie üben

···> Suchen Sie einen ruhigen Ort auf und denken Sie an eine Interaktion in der letzten Woche, bei der Sie sich nicht gut gefühlt haben. Dann schreiben Sie dazu einen selbst-emphatischen Satz auf. Lassen Sie die Situation noch einmal vor Ihren Augen vorbeiziehen (Beobachtung) und schreiben erst auf, welche Gefühle Sie hatten bei dem, was gesagt oder getan wurde, und dann, welche Ihrer Bedürfnisse wahrscheinlich unbefriedigt blieben. Sollte Ihnen die Vermutung schwerfallen, welche Gefühle oder Bedürfnisse Sie hatten, legen Sie das Papier zur Seite und beschäftigen sich am nächsten Tag noch einmal damit. Machen Sie weiter damit, bis Sie den inneren Wandel spüren, den wir erst vollziehen können, wenn wir Empathie bekommen, sei es auch nur unser eigenes Mitgefühl mit uns selbst.

···> Wenn das nächste Mal jemand eine Reaktion in Ihnen auslöst, mit der es Ihnen nicht gut geht, sagen Sie einfach „Entschuldigen Sie mich bitte für fünf Minuten!" und gehen in einen anderen Raum. Dort geben Sie sich so lange Empathie, bis Sie sich fragen, was sich wohl in dem anderen abspielt. Dann gehen Sie zurück, um das Gespräch fortzusetzen. (Wenn diese Neugier nicht aufkommt, bedeutet das, dass Sie noch mehr Empathie mit sich selbst brauchen. Geben Sie sich also mehr Mitgefühl für Ihre Gefühle und Bedürfnisse, bis Sie anfangen, sich auch um den anderen in dieser Situation sorgen.)

Selbst-Ausdruck üben

···> Erzählen Sie einem Ihnen nahestehenden Menschen oder Ihrem Übungspartner, dass Sie eine neue Art der Kommunikation ausprobieren. Bitten Sie ihn, Ihnen aufmerksam zuzuhören, während Sie ihm etwas in Ihrer alten Art der Kommunikation mitteilen und dann dasselbe in der frisch gelernten Ausdrucksart, wie Sie es bei der GFK gelernt haben. Denken Sie an den Satz „Wenn ich dich höre, fühle ich mich ...., weil mein Bedürfnis nach .... nicht befriedigt wird. Wärest du bereit, ... zu tun?" Wenden Sie diese Methode mindestens einmal täglich an, bis Sie sich daran gewöhnt haben und sie Ihnen weniger unangenehm ist.

···> Setzen Sie Ihren Selbst-Ausdruck ein, wenn Sie eine technische Beratungsstelle oder einen Kundendienst anrufen. Benutzen Sie den Übungssatz aus Kapitel 2 und hören Sie zu, wie wirkungsvoll er in diesem Zusammenhang sein kann. Als ich (Judith) GFK lernte, übte ich in meinen Gesprächen mit Kundendiensten. Bei meinem ersten Versuch kam ich mir etwas lächerlich vor, aber ich wurde nicht nur gut bedient, sondern die Vertreterin rief mich sogar zehn Minuten später zurück und hatte eine Lösung für mein Problem anzubieten, für die sie gerade noch glaubte, mindestens eine Woche zu brauchen. Fangen Sie an, mit dem anderen mitzufühlen. Das kann sich so anhören: „Hallo, ich kann mir vorstellen, dass Sie heute besonders viel zu tun haben, aber ich würde mich freuen, wenn Sie sich anhören könnten, wie wichtig mir .... ist."

Empathie geben

⋯⟩ Wenn Sie das nächste Mal im Flughafen oder in einem Geschäft endlich an der Reihe sind, nachdem Sie lange in der Schlange gewartet haben, dann beginnen Sie das Gespräch damit, der Person hinter dem Schalter oder der Kasse Empathie zu geben. Sagen Sie so etwas wie: „Fühlen Sie sich nicht erdrückt von so vielen Kunden?" oder: „Sie scheinen heute ja richtig viel zu tun zu haben und dann kommen noch die unzufriedenen Kunden dazu." Achten Sie darauf, wie Ihr Gegenüber reagiert.

⋯⟩ Wenn sich heute ein Freund Ihnen gegenüber über die Regierung, das Wetter oder seinen Fußballverein beschwert, dann stimmen Sie nicht in sein Klagelied ein, sondern antworten mit Empathie. Sagen Sie zum Beispiel: „Möchtest du mir damit zu verstehen geben, wie sehr du dich darüber geärgert hast, was .... (Name des Betroffenen) zu diesem Fall gesagt hat?" Geben Sie weiter Empathie, bis Ihr Freund anfängt sich zu wandeln und das Gefühl der Verbindung aufkommt. Dafür müssen Sie vielleicht mehrere Anläufe unternehmen und es kann mehrere Gespräche brauchen, bis er sich verstanden fühlt. Sie können auch sagen: „Es hört sich so an, als ob .... deine Bedürfnisse nach Integrität und Mitgefühl nicht befriedigt hat." Achten Sie darauf, wie Ihr Freund anfängt sich zu verändern und wie viel mehr Verbundenheit Sie beide empfinden.

Eine Bitte äußern

⋯⟩ Immer wenn Sie sich von jemand anderem wünschen, dass er heute etwas tut, fragen Sie: „Bist du/Sind Sie bereit, ... zu tun?" Und sagen Sie vor allem genau, worum Sie bitten. Zum Beispiel: „Bist du bereit bis 18 Uhr heute Abend dein Bett zu machen und deine Kleidung in den Schrank zu räumen? Dann bekommen wir nämlich Besuch."

⋯⟩ Wenn Sie das nächste Mal an einer Besprechung teilnehmen, beobachten Sie mal, wie unklar Bitten geäußert werden. Wie oft hören Sie jemanden sagen „Lass uns das tun" oder „Das klingt gut", aber keiner bittet jemand Bestimmten zu einer bestimmten Zeit um eine bestimmte Handlung.

4. Zuhören – uns selbst und anderen

Menschen sind wahrscheinlich nie furchterregender,
als wenn sie fest und zweifelsfrei davon überzeugt sind, recht zu haben.

— LAURENS VAN DER POST

In einem meiner ersten Seminare mit Marshall Rosenberg sagte er etwas, was mich (Judith) sehr wütend machte. Seine Worte waren: „Tu nie etwas, das dir nicht so viel Freude bereitet, wie ein Dreijähriger empfindet, wenn er Enten füttert." Mir gefiel zwar die Anschaulichkeit dieses Bildes, meine Reaktion darauf war jedoch schnell und emotional. Ich sagte mir: „Nun, dann würde ich die Hälfte dessen, was ich tue, nicht tun. Wir müssen einfach Dinge tun, die wir nicht gern tun, sonst würde mein Leben auseinanderfallen."

Dann fing ich an, meine Reaktion auf seine Worte zu beobachten und mir selbst Empathie zu geben für die Worte, die in mir aufgekommen waren. Aber noch mehrere Jahre lang konnte ich das, was er da gesagt hatte, nicht akzeptieren. Ich hatte andere Einstellungen oder Urteile dazu, wie zum Beispiel: „Nur zu tun, was einem Freude bereitet, ist zu selbstsüchtig und egoistisch." Ich mochte die Sprache nicht, in der ich zu mir sprach; ich mochte meine Urteile nicht und ich mochte nicht, dass ich mich dafür verurteilte, Urteile zu haben. Ich war in einem Spiegelkabinett gefangen; ich verurteilte mich dafür, mich zu verurteilen.

Viele Menschen befinden sich in diesem Verurteilungskreislauf. Wir können unseren Selbstgesprächen entweder voller Mitgefühl oder voller Urteile zuhören. Für welche Art wir uns entscheiden, liegt ganz bei uns und ist in jedem Fall ein Prozess, der unser Leben gestaltet. Meine (zu mir gesprochenen) Worte spiegeln meine Gedanken wider, meine Gedanken spiegeln meine Einstellungen wider, und diese Einstellungen – besonders die unbewussten – bestimmen mein Leben. Die Übung von *Satya* und der Rechten Sprache beginnt zu Hause, wenn ich mir für meine Einstellungen Empathie gebe. Heute wird mein inneres Selbstgespräch durch GFK bestimmt, und das war sicherlich nicht immer so.

In meiner Kindheit „hörte" ich viele Botschaften von meiner Familie, meinem kulturellen Hintergrund, meinem Umfeld und von der Kirche. Sie alle sagten mir, ich müsse meine Bedürfnisse verleugnen. Ich behaupte nicht, dass ich mit diesen Botschaften erzogen wurde, aber ich hörte sie immer wieder. Ich lernte, dass es richtig, selbstlos und gottgefällig sei, sich danach zu richten. Also musste ich Strategien entwickeln, um meine Bedürfnisse zu befriedigen, ohne mich zu fragen, was ich wirklich brauchte. Wenn ich es wusste, versuchte ich genau das zu verbergen, um nicht als „bedürftig", anspruchsvoll oder schwierig beurteilt zu werden. Ich glaube, es erging nicht nur mir so; ich glaube, besonders Frauen wurden so wie ich erzogen, sich um die Bedürfnisse aller anderen zu kümmern und die Existenz der eigenen zu verleugnen. „Ich lebe, um zu dienen", war mein Motto. Marshall Rosenberg spricht genau diese Thematik an, wenn er provokativ, aber freundlich behauptet: „Frauen haben keine Bedürfnisse." Natürlich will er mit solch einer lächerlichen Behauptung nur unsere Aufmerksamkeit für diese Thematik wecken. Leider traf sie auf mich nur allzu sehr zu. Oder jedenfalls sah es für mich so aus.

Denken Sie daran, dass die Anerkennung unserer Bedürfnisse keine Forderung ist. Alle menschlichen Bedürfnisse sind Lebensenergie, die durch uns fließt. Sie sind es, die uns mit dem Leben verbinden. Wenn wir uns unserer eigenen Bedürfnisse und denen der anderen bewusst werden und uns danach sehnen, sie zu befriedigen, dann ehren wir die Heiligkeit des Lebens.

Durch die Art meiner Erziehung bestand mein Problem darin, dass ich durch die Verleugnung meiner Bedürfnisse die Voraussetzung dafür geschaffen habe, mir selbst Gewalt anzutun. Diese Gewalt tat ich mir selbst an, doch könnte sie genauso gut jemand anderem angetan werden. Wenn ich mir selbst und anderen gegenüber gewalttätig bin, trage ich gewiss nicht zu einer friedlichen Welt bei, die ich erschaffen möchte. Dann lebe ich nicht aus meinen mir innewohnenden höchsten Werten heraus. Dann lebe ich nicht im Geist von *Satya* oder der Rechten Sprache.

Wenn ich etwas für Sie tue, weil ich es tun sollte oder weil es „spirituell" ist, so zu handeln oder weil es aus mir einen „guten Menschen" macht, dann bleibt ein Rest Groll zurück und Groll vergiftet Beziehungen und verringert Lebensqualität. Paradoxerweise lasse ich all das an Ihnen aus, weil ich Sie dafür verantwortlich mache, dass meine Bedürfnisse nicht erfüllt wurden.

Um mehr über meine eigenen Bedürfnisse zu erfahren, überprüfte ich mich täglich mehrmals selbst, wollte sehen, was für ein Bedürfnis ich gerade hatte, und dann gab ich mir selbst Empathie dafür. Dabei fand ich etwas Interessantes heraus. Ich konnte zwar immer meine Gefühle benennen, nicht aber meine Bedürfnisse. Ike hingegen wusste immer, was er brauchte, schien sich jedoch nicht über seine Gefühle im Klaren zu sein. Später berichtete er, dass er zu dieser Zeit nur zwei Gefühle hatte: OK und Ärger.

Mir fiel auf, dass ich häufig Dinge tat, nicht etwa, um meine Bedürfnisse zu befriedigen, sondern weil ich Angst vor dem Urteil hatte, wenn ich Nein sagen würde. Wenn Ike mich zum Beispiel bat, mit ihm ins Kino zu gehen, ging ich mit, auch wenn ich keine Lust dazu hatte. Im Kino und danach beschwerte ich mich dann darüber und verdarb uns beiden die Freude an dem Abend. Oder aber ich sagte Nein, ging nicht mit, fühlte mich aber deswegen schuldig. In den darauffolgenden Tagen war ich dann besonders „nett" zu ihm. Ich bewegte mich also ständig hin und her zwischen Groll und übertriebener Nettigkeit und dachte, das gehöre zum Eheleben dazu.

Der Enten-Index

Da es mir schwerfiel, mir meiner Bedürfnisse bewusst zu sein, brauchte ich eine Strategie, die mir beim Lernen und Üben helfen sollte. Also erschuf ich für mich den „Enten-Index". Ich liebe das Bild eines quietschenden glücklichen kleinen Kindes, das an einem Seeufer hinter einer Schar Enten herläuft, um sie mit trockenem Brot zu füttern. Jedes Mal, wenn ich daran denke, muss ich lächeln.

Mein Enten-Index hat eine Skala von 1 bis 10. Ich entschloss mich, nichts mehr zu tun, was auf meiner Skala nicht mindestens die 6 erreichte, und dann abzuwarten, was passierte. Als ich anfing den Enten-Index einzusetzen, lernte ich zunächst mit meinen Bedürfnissen in Kontakt zu kommen und dann diesem Verständnis zu vertrauen. Als Ike mich das nächste Mal bat, mit ihm einen Film anzuschauen, den ich nicht sehen wollte, überprüfte ich mich selbst und antwortete: „Das ist eine 3 auf meinem Enten-Index." Aber damit war die Angelegenheit nicht beendet. Ich fügte noch hinzu: „Aber du kannst mich ja mit deinen Bedürfnissen verführen."

Mit anderen Worten ausgedrückt, bedeutet dies: Wenn uns jemand um etwas bittet, das wir nicht tun wollen, heißt das keineswegs, dass die Verhandlungen damit schon abgeschlossen wären. Wir können offen bleiben für eine Meinungsänderung. Eine Meinungsänderung ist nicht dasselbe wie Nachgeben. Zu allen Bitten Ja sagen, das ist Nachgeben. Zur Meinungsänderung gehört, dass man sich die Bedürfnisse des anderen erklären lässt und zu dem Schluss kommt, dass man mit der Erfüllung dieser Bedürfnisse auch seine eigenen erfüllt.

Wenn ich also sage: „Verführe mich mit deinen Bedürfnissen", erkenne ich die Realität des anderen an. Ike habe ich damit signalisiert, dass ich bereit bin, meine Meinung zu ändern, wenn ich mit der Erfüllung seiner Bedürfnisse auch meine erfülle. Marshall Rosenberg sagt dazu: „Meine Bedürfnisse stehen immer an erster Stelle, aber ihre Erfüllung darf nicht auf Kosten deiner Bedürfnisse geschehen." Meinungsänderung ist der Prozess, in dem versucht wird, die Bedürfnisse beider Seiten zu berücksichtigen.

Erinnern Sie sich an den Unterschied zwischen Strategien und Bedürfnissen? Strategien sind ausgefeilte Methoden, um seine Bedürfnisse befriedigt zu bekommen. Bedürfnisse stehen nie miteinander im Konflikt, das können nur Strategien tun. Es kann zu jeder Zeit mehrere Strategien geben, um ein bestimmtes Bedürfnis zu befriedigen. Wenn wir aber an einer bestimmten Strategie als einzige Möglichkeit der Bedürfnisbefriedigung festhalten, dann leiden wir umso mehr, wenn diese nicht zum gewünschten Erfolg führt.

Im oben aufgeführten Beispiel war der Kinobesuch kein Bedürfnis, sondern nur eine Strategie, ein Bedürfnis befriedigt zu bekommen. Als ich Ike fragte, welche Bedürfnisse er versuchte damit zu befriedigen, nannte er Spaß, Unterhaltung und Gesellschaft. Als ich das hörte, stieg mein Enten-Index sofort von 3 auf 5. Diesen Wandel konnte ich sogar körperlich spüren. Aber nach ein paar weiteren Gesprächs-runden, in denen wir gemeinsame Bedürfnisse feststellten und Empathie gaben, war ich immer noch auf 5 und „zwang" mich nicht, mit ihm zu gehen. Danach sammelten wir Ideen zu unser beider Bedürfnisbefriedigung und kamen zu einem zufriedenstellenden Ende. Es dauerte nur zehn Minuten und wir verbrachten den Abend in der so hergestellten harmonischen Verbindung miteinander.

Es kann aber auch passieren, dass ich meine Einwilligung zu etwas gebe, weil es für mich den Enten-Index 8 hat, aber wenn es dann zur Durchführung kommt, ist er vielleicht auf 4 gesunken. Das kann uns allen gelegentlich passieren. Am Montag kann die Vorstellung, am Freitag zur Party einer Freundin zu gehen, eine 8 haben, aber wenn es nach einer anstrengenden Woche Freitagabend ist, es regnet und ich müde bin, dann hat der Partybesuch eine 4. Wie erfülle ich dann gleichzeitig mein Bedürfnis nach Ruhe und das meiner Freundin nach Gesellschaft?

Zuallererst geben Sie sich wie immer Empathie für die mangelnde Lust, die Sie gerade für den ursprünglichen Plan empfinden. Anders ausgedrückt: Vermuten Sie, welche anderen Gefühle zurzeit in Ihnen lebendig sind. Wenn Sie glauben, diesen Prozess abgeschlossen zu haben und mit Ihren aktuellen Bedürfnissen verbunden sind, verbinden Sie sich noch einmal mit den Bedürfnissen, die Sie hatten, als Sie die Einladung angenommen haben. Danach geben Sie Ihrer Freundin stille Empathie. Welche Bedürfnisse wollte sie erfüllen, als sie Sie zu ihrer Party einlud?

Der letzte Schritt ist, dass Sie Ihre Freundin anrufen, um ihr Ihre Bedürfnisse mit-zuteilen. Erzählen Sie ihr, was zurzeit für Sie wahr ist. Vielleicht verläuft das Ge-spräch so: „Als ich am Montag zugesagt habe, zu deiner Party zu kommen, habe ich mich noch darauf gefreut. Aber jetzt habe ich das Bedürfnis, mich auszuruhen. Wie fühlst du dich, wenn du das hörst?" Wenn sie Ihnen ihre Gefühle mitteilt, geben Sie ihr Empathie für das, was Sie bei ihr vermuten – vielleicht ist sie verletzt oder ent-täuscht. Sobald Sie mit ihr eine empathische Verbindung hergestellt haben, fragen Sie: „Wärst du bereit, mit mir fünf Minuten lang über Strategien nachzudenken, mit denen wir dein Bedürfnis nach Gesellschaft (angenommen, das ist es) und mein Bedürfnis nach Ruhe befriedigen können?"

Und jetzt kommt ein entscheidender Punkt: Seien Sie offen für das Ergebnis. Es kann alles Mögliche passieren. Vielleicht macht es Ihrer Freundin nichts aus, dass Sie nicht kommen, oder Sie haben nach dem Gespräch doch wieder Lust, zu ihrer Party zu gehen, oder Sie verabreden sich beide für den nächsten Tag oder Sie einigen sich darauf, dass Sie sich eine Stunde hinlegen und später zu der Party gehen. Wichtig ist, dass durch diesen Prozess die Bedürfnisse beider Seiten befriedigt werden.

Es klingt vielleicht so, als würde all dies etwas Zeit brauchen – und das tut es auch. Aber wie viel Zeit würde es brauchen, nicht durch diesen Prozess der Verbindungsaufnahme zu gehen? Wie viel Zeitverlust und vor allem Leid würde es Sie und Ihre Freundin langfristig kosten, wenn sie sich beide von ihren Bedürfnissen abkoppelten?

Viele Menschen beschäftigen sich nur widerstrebend mit ihren Bedürfnissen, weil sie glauben, damit anderen zur Last zu fallen. Diese Denkweise hat zwei Konsequenzen. Erstens nehmen Sie anderen die Möglichkeit, Ihnen mit der Erfüllung Ihrer Bedürfnisse ein Geschenk zu machen. Denken Sie an ein Baby. Babys zögern nicht, ihre Bedürfnisse lautstark zu verkünden und ihre sofortige Erfüllung einzufordern. Als Erwachsene verbergen wir oft unsere Bedürfnisse, weil wir sie nicht für wert halten, erfüllt zu werden. Aber auch wenn meine Bedürfnisse für Sie kein Geschenk sind, so mag ich doch mein Verhalten, wenn ich daran glaube.

Es erscheint mir an dieser Stelle wichtig, noch einmal an den Unterschied zwischen einer Bitte und einer Forderung zu erinnern. Die Erfüllung Ihrer Bedürfnisse oder irgendetwas anderes einzufordern, schließt den anderen in den Prozess nicht ein. Forderungen haben für andere vermutlich negative Konsequenzen, wenn sie ihnen nicht nachkommen. Mit einer Bitte hingegen sind Sie für jeden möglichen Ausgang offen.

Bitte und Danke

Eine andere Möglichkeit, der inneren Stimme zuzuhören ist, alles, was man Ihnen sagt, als Bitte zu verstehen, indem Sie innerlich „bitte" oder „danke" hinzufügen. Dies ist eine meiner (Judiths) Lieblingstechniken.

Und so funktioniert es: Eines Tages brachte ich mein Auto an einer roten Ampel etwas zu spät zum Stehen und stand halb auf dem Zebrastreifen. Ein Fußgänger schrie mich an und fragte mich, ob ich meinen Führerschein beim Lotto gewonnen hätte. Normalerweise wäre mir das zu Herzen gegangen, ich hätte mich wegen meiner Fahrweise geschämt und mein innerer Dialog wäre voller Selbstverurteilungen gewesen. Andere Menschen reagieren vielleicht genau entgegengesetzt in solch einer Situation und nennen den Fußgänger einen Vollidioten.

An jenem Tag entschied ich mich, seine Beleidigung als Bitte zu verstehen, die mit „bitte" versehen war. Diese Technik hatte ich gerade erst gelernt. Also fragte ich mich, was wohl wäre, wenn er gesagt hätte: „Bitte verstehe, wie viel Angst ich davor gehabt habe, dass du mich anfahren könntest." Und den beim Lotto gewonnenen Führerschein übersetzte ich mit: „Bitte höre meine Angst". Sofort stieg Mitgefühl in mir hoch – für den Mann und für mich. Mir gefiel es, wie ich mich danach in dieser Situation fühlte. Wir waren beide nur Menschen, die versuchten ihr Bestes zu geben. Ich war weder auf ihn noch auf mich wütend. Diesen Tag konnte ich im Kalender rot anstreichen.

Ein weiteres Beispiel ist eine Unterhaltung, die ich mit meiner Tochter im Teenageralter hatte. Sie bat mich, sie von der Schule abzuholen, und fügte noch hinzu: „Und bitte, Mom, verhalte dich nicht wie eine Idiotin." Ich hatte die Wahl, entweder verletzt zu reagieren oder sie für ihre ungehörigen Worte zu tadeln oder aber etwas ganz anderes zu verstehen: „Bitte, Mom, höre, wie verletzbar ich im Kreise meiner Freunde bin. Ich habe Angst, sie könnten mich ablehnen, und ich will ihnen keine Munition dafür liefern. Bitte hilf mir, indem du keine Aufmerksamkeit auf dich ziehst." Ob diese Feststellung nun den Gefühlen und Bedürfnissen meiner Tochter entsprach oder nicht, mir gefiel es, dass ich so mehr Mitgefühl empfinden konnte, und ich entschied mich für diese Lösung. William James sagt: „Die stärkste Waffe, die wir gegen Stress haben, ist die Fähigkeit, uns unsere Gedanken auszusuchen."

Wenn wir uns dafür entscheiden, die Verlautbarungen anderer als „bitte höre meine Not" zu verstehen, können wir einen Weg finden, uns mit ihnen zu verbinden. Diese Wahlmöglichkeit, auf andere in unserem Umfeld mit Aufmerksamkeit zu reagieren, macht Sprechen zu einer spirituellen Übung.

Auch sagen Menschen den ganzen Tag lang: „Danke". Wenn sie mir sagen, „der Yoga-Unterricht war gut" und „das Essen hat mir gut geschmeckt; es war wirklich gut", dann sagen sie: „Danke". Wenn ich höre, dass ich etwas gut gemacht habe, fühle ich mich leicht unbehaglich. Ich weiß, wenn ich gut bin, dann kann ich auch schlecht sein, und wenn ich erst mal im Gut-Schlecht- oder Richtig-Falsch-Kontinuum bin, dann kann ich mich auf jeder Seite befinden. Vielleicht kann ich es nicht noch einmal so gut oder richtig machen und das macht mich nervös.

Aber jetzt höre ich die Äußerung der anderen nicht mehr als Aussage über mich, sondern als eine über sie selbst. Ich übersetze das, was sie sagen, in eine Bitte: „Bitte hören Sie, wie sehr Ihr Unterricht (oder Essen) meine Bedürfnisse befriedigt hat." Mit der Übersetzung in „Danke für die Erfüllung meiner Bedürfnisse" bestärke ich mich in meinem Verständnis, dass ich nicht die Quelle für die Zufriedenheit eines anderen bin. Die Tatsache, dass ich ihre Bedürfnisse befriedigt habe, betrifft nur die befriedigten Bedürfnisse und nicht mich als gute oder richtige Erfüllerin. Die Äußerungen der anderen als Bitte um Verständnis zu verstehen, dass Bedürfnisse erfüllt wurden, macht alles einfacher und klarer. Ich bin dann nur ein Teil im Tanz der Kommunikation, und auf diese Weise bin ich gern Partner für andere.

Übungen zur Anwendung Gewaltfreier Kommunikation

Enten-Index

···> Erzählen Sie Ihrer Familie oder Ihren Mitbewohnern vom Enten-Index und fangen Sie an, ihn bei kleineren Dingen einzusetzen, wie: „Was möchtest zu Abend essen?" „Wann möchtest du mit uns einkaufen gehen?" Feiern Sie Ihre neu erworbene Klarheit.

···> Das nächste Mal, wenn jemand Sie um einen Gefallen bittet, der einen sehr niedrigen Enten-Index hat, sagen Sie einfach: „Das rangiert nicht sehr hoch auf meinem Enten-Index, aber du kannst mich ja mit deinen Bedürfnissen dazu verführen."

Bitte und Danke

···> Achten Sie ab heute darauf, wie oft Ihnen jemand „Danke" sagt. Irgendwann einmal bitten Sie einen solchen Gesprächspartner, Ihnen zu sagen, was Sie gesagt oder getan haben, was ihn veranlasst hat, „Danke" zu sagen.

···> Erinnern Sie sich an eine Begebenheit in den letzten Tagen, als Sie jemand Nahestehendem gereizt gesagt haben: „Warum kommst du immer zu spät?" Übersetzen Sie Ihre gereizte Äußerung in eine „Bitte"-Äußerung. Wenn möglich, gehen Sie auf diesen Menschen zu und sagen: „Eigentlich wollte ich neulich nur sagen ‚Bitte höre, was für Sorgen ich mir gemacht habe, als du zur vereinbarten Zeit nicht da warst und auch nicht angerufen hast'. Ich war verärgert, weil du und dein Wohlergehen mir wichtig sind, und ich wollte, dass du das weißt." Achten Sie auf seine Reaktion.

5. Weil Worte wirken ...

Wo zwei Menschen sich authentisch begegnen, findet Heilung statt.

– Martin Buber

Vor vielen Jahren hatte ich (Judith) eine Unterhaltung mit Usharbudh Arya (heute Swami Veda), der seit seiner Kindheit Yoga praktizierte und das Sanskrit und die alten indischen Texte studiert hatte. Ich fragte ihn: „Was ist wichtiger, das Umsetzen des *Ahimsa*-Prinzips (Abwesenheit von Gewalt) oder das Üben von *Satya* (Wahrheit)?" (Beide gehören zu den *Yamas* beziehungsweise zum ersten *Sutra* des traditionellen Yoga von Patanjali.) Ich wollte wissen, welche Gewichtung ich diesen beiden Yamas in meinem Unterricht geben sollte. Sollte ich jemandem die Wahrheit sagen, auch wenn sie ihm wehtat, oder sollte ich ihm lieber etwas „Nettes" sagen, um ihn nicht zu verletzen?

Swamijis Antwort überraschte mich. Er sagte: „Nichts kann wahr und gleichzeitig verletzend sein." Diese Antwort klingt immer noch in meinen Ohren, wenn ich die Techniken der Gewaltfreien Kommunikation anwende, in dem Wunsch, *Satya* und Rechte Sprache zu üben. Ike und ich haben über den scheinbaren Konflikt zwischen Wahrheit und Nichtverletzen gesprochen und haben für uns zwei Werte ausgearbeitet, die wir als Richtlinien benutzen können, damit sich Swami Vedas Weisheit in unserer Sprache widerspiegelt.

Der erste ist, dass Sprache eine *Kraft* ist, mit der wir die Verbindung zwischen uns und anderen Menschen fördern können. Um das tun zu können, müssen wir uns jedoch erst mit uns selbst verbinden. Diese Fähigkeit, sich nach innen zu wenden und mit unserem Selbst eine ehrliche Verbindung aufzubauen, ist das Hauptanliegen der spirituellen Sprache. Ohne Selbstwahrnehmung werden Sie kaum in der Lage sein, mit den von Ihnen gewünschten Worten zu reden.

Der zweite ist, dass ich das, was sich gerade jetzt in mir abspielt, für die „Wahrheit" halte. Aber das ist nur meine Wahrheit. Ich kann immer nur von dem sprechen, was gerade in mir lebendig ist. Das ist nicht nur alles, was ich tun kann, sondern es ist die beste Art und Weise, meine Verbindung mit anderen zu beleben. Wenn ich von dem spreche, was gerade in mir lebendig ist, dann bin ich mit mir in der Gegenwart. Außerdem bin ich dann ein Vorbild, das andere ermutigen kann, dasselbe zu tun.

Diese Praxis wird die Welt verändern. Sie wird Ihr Leben verändern und sie wird andere auf besondere und tief gehende Weise beeinflussen. Wenn Sie eine Atmosphäre des Vertrauens schaffen, weil Sie mit Ihren Worten in Verbindung stehen, dann gibt es kaum etwas, was zwischen Menschen nicht geregelt werden könnte. Welch größeres Geschenk als unser wahres Selbst können wir der Welt machen?

Ich hörte einmal Marshall Rosenberg in einem Seminar sagen, was es bedeute, auf „spirituelle" Weise zu reden: „Sie respektiert die Bedingungen, in der alle Mitglieder der Weltengemeinschaft in Würde und Freiheit leben können, ohne einander die Chance auf Lebensunterhalt, Gesellschaft oder Kultur zu zerstören." Dies ist ein praktischer Ausdruck spiritueller Sprache und beinhaltet die Werte, die Ike und mir so viel bedeuten. *Worte wirken,* und das nicht nur, weil sie die aktuelle Beziehung im Hier und Jetzt verändern, sondern weil sie auch die Zukunft gestalten, indem sie ein Vermächtnis von Klarheit und Verbindung der Menschen untereinander hinterlassen.

Umgang mit Ärger

Die meisten von uns erleben täglich, wie Ärger sich in der Sprache ausdrückt. Einmal nahm ich mir vor, einen Tag lang zu zählen, wie oft ich frustriert, gereizt oder ärgerlich war. Ich kaufte mir ein kleines Zählgerät für die Hand und gab jede aufkommende Gefühlsregung dieser Art ein. Die Zahl, die am Ende des Tages dabei herauskam, verblüffte mich: Siebenundsechzig!

Vielleicht geht es nicht allen so, aber wenn man an all die Verkehrsrüpel und die Gewalt um uns herum denkt, vielleicht eben doch. Nicht nur Marshall Rosenberg spricht davon, auch wir erleben in unserem Leben Ärger, Scham, Schuld und Depressionen als Gefühle, die aus unseren Urteilen entstehen, wie die Welt sein müsste.

Hinter Gefühlen wie Freude, Verbundenheit oder Enttäuschung verstecken sich keine anderen Gefühle. Aber wenn Sie Ihren Ärger hinterfragen, dann lauern dahinter ganz andere Gefühle wie Kränkungen, Ängste und Frustration oder eine Kombination daraus.

Das anzunehmen fiel uns schwer. Ike berichtet, dass er zu Beginn seiner GFK-Studien nur die beiden Gefühle OK und Ärger identifizieren konnte. Ich (Judith) erinnere mich, dass ich von aufkommendem Ärger zum ersten Mal von einer Meditationslehrerin erfahren habe. Wir sollten fühlen, was in uns aufstieg, während wir auf dem Kissen saßen. Das war alles. Keine andere Technik. Sie wies noch darauf hin, dass Meditationsschüler auf ihrem Meditationskissen oft die ersten Jahre damit verbringen herauszufinden, wie wütend sie waren.

Glauben Sie mir, dieser erste Unterricht machte mich sehr wütend (welche Ironie!), doch als ich anfing, regelmäßig zu meditieren, merkte ich, wie recht sie hatte. Ich war zwar nicht regelmäßig wütend, spürte aber doch diesen „kleinen Ärger" einer leichten Frustration oder Gereiztheit, verbunden mit dem Wunsch, es wäre anders, was auch immer dieses „es" war – sei es, dass mein Rücken nicht so wehtäte, oder sei es, dass der Nachbar nicht immer um 18:30 Uhr seinen Rasen mähte, wenn ich gerade meditieren wollte, oder sei es, dass ich mich nicht über meinen Nachbarn ärgern wollte. Dieser mentale Prozess der Irritation (oder auch des richtigen Ärgers) kann lange durch den Kopf gehen, wenn nicht sogar für immer – zumindest scheint es so.

Erinnern Sie sich in einem ruhigen Moment an einen Augenblick in der jüngsten Vergangenheit, als Sie sich geärgert haben. Denken Sie darüber nach, wie Sie sich dabei gefühlt haben, und geben sich dann Empathie für das, was in jenem Augenblick des Ärgers in Ihnen lebendig war. Sehr wahrscheinlich werden Sie entdecken, dass die Wurzel Ihres Ärgers Verletzung, Frustration oder Angst waren. Eine dieser drei Empfindungen ist wahrscheinlich eine genauere Bezeichnung für das, was Sie hinter Ihrem Ärger fühlten.

Wenn Sie entdecken, was in Ihnen lebendig war, dann kann der Wandel stattfinden. Dieser bereits erwähnte Wandel ist nicht nur ein Wandel Ihrer Wahrnehmung, sondern auch Ihres Körpergefühls. Für mich ist dieser Wandel ein Beweis dafür, dass ich meine Wahrheit entdeckt habe.

Eines Tages wollte ich diese Theorie in der Praxis ausprobieren. Als ich mich das nächste Mal an eine Begebenheit erinnerte, die in mir Ärger erzeugt hatte, verband ich mich mit mir selbst und gab mir Selbst-Empathie. Ich merkte sofort, dass ich in meinem Kopf war und mir immer wieder sagte: „Wie konnte er mir das sagen? Wer glaubt er eigentlich, wer er ist?"

Dann konzentrierte ich mich auf die Gefühle in meinem Bauch und versuchte zu vermuten, welche Gefühle in Wahrheit in mir lebendig waren, und plötzlich wusste ich es. Eigentlich war ich gar nicht verärgert. Ich fühlte mich bei dem Gedanken an die Äußerungen des anderen verletzt. Sobald ich jedoch wieder darüber nachdachte, was er gesagt hatte, wanderte meine Aufmerksamkeit wieder in meine Gedanken und schon fühlte ich wieder diesen Ärger. Also zurück in den Bauch und zu meinen Gefühlen, dann wieder in den Kopf, zu meinen Gedanken und Verurteilungen. Ich tanzte etwa fünfmal hin und her, bis sich ein Lächeln auf meinem Gesicht ausbreitete. Endlich hatte ich es verstanden. Der Ärger wurde von meinen Gedanken und der Beurteilung der Situation ausgelöst, und das war eine Strategie, um mein Gefühl von Verletzung zu verbergen. Ärger half mir, mich vor Verletzungen zu schützen. Ich baute einen Schutzwall auf und benutzte meinen Ärger als Werkzeug.

Eines Tages betraten Ike und ich einen großen Saal, wo ein Seminar stattfinden sollte. Mir fiel ein Mann auf, der den Raum auf eine Weise durchquerte, die mich ihm sofort das Etikett „der wütende Mann" geben ließ. Als der Moderator uns bat einen Platz einzunehmen, der weit entfernt von dem unseres Begleiters war, bewegte ich mich pfeilgerade auf einen Platz zu, der so weit wie möglich von dem ‚wütenden' Mann entfernt war. Natürlich kam er auf mich zu und setzte sich neben mich, sodass wir bei den nächsten Übungen Partner waren. Ironischerweise neigen wir dazu, mit unserem eigenen Ärger den anderer anzuziehen. Und nicht nur das. Wenn wir unerlösten Ärger haben, suchen wir quasi unsere Umgebung ab, um ihn in anderen zu finden, und das tun wir dann auch – so wie ich es in dem Seminar tat.

Wann haben Sie das letzte Mal mit Ihrem Ärger das Herz eines anderen Menschen erreicht? Mit Ärger können wir uns weder mit uns selbst noch mit anderen verbinden. Und es ist ein äußerst ungeeignetes Werkzeug bei der Kommunikation mit Menschen, die uns wichtig sind.

Wenn Sie das nächste Mal merken, dass Sie sich über jemand anderen ärgern, nehmen Sie sich die Zeit, sich selbst so lange Empathie zu geben, bis Sie erkennen, wie Sie mit sich sprechen und weswegen Sie sich ärgern. Dann geben Sie sich Empathie für das Bedürfnis, das Sie sich mit Ihren eigenen Worten erfüllen wollen. Sehr wahrscheinlich geht es Ihnen viel besser mit dem, was Sie dem anderen sagen, wenn Sie sich zuerst um sich selbst kümmern.

Heiliger oder gerechter Zorn und soziale Veränderung

Uns allen ist der Begriff „Heiliger Zorn" geläufig. Man bezeichnet damit einen Zorn, der einen „guten" oder sozial gerechten Grund hat. Eigentlich ist jeder Ärger gerecht. Schließlich kann man sich nur ärgern, wenn man sich im Recht fühlt. Sie würden kaum zu jemandem sagen: „Ich bin stocksauer auf dich, aber ich bin nicht im Recht." Sich im Recht fühlen ist Brennstoff für jeden Ärger. Aber Ärger trennt uns von uns selbst und anderen. Ärger ist eine Wand, die uns von dem fernhält, was sich wirklich in uns abspielt.

Es gibt eine buddhistische Geschichte über den heiligen Zorn: Eines Tages fand ein Mönch in der Nähe seines Klosters am Seeufer ein verlassenes Ruderboot. Nachdem er vergeblich versucht hatte, den Besitzer zu finden, verbrachte er seine Freizeit damit, das Boot zu reparieren. Endlich kam der Tag, an dem er das schöne neue Boot zu Wasser lassen konnte. Der See war in Dunst gehüllt, aber der Mönch setzte sich ins Boot und ruderte aufs Wasser hinaus. Plötzlich tauchte aus dem Dunst ein weiteres Ruderboot auf, bohrte sich in sein neues Boot und beschädigte den Bug. Der Mönch wurde wütend und dachte: „Wer kann denn so unvorsichtig sein und mein Boot beschädigen?" Vermutlich wurde sein Ärger noch von dem Gedanken genährt, dass er im Recht war und von dem Menschen im anderen Boot unrecht behandelt worden war.

Als er das andere Boot näher betrachtete, stellte sich heraus, dass es leer und einfach nur in sein Boot hineingetrieben war. Der Ärger des Mönches schmolz dahin. Es gab niemanden, den er beschuldigen konnte. Wenn wir unseren Ärger als das erkennen, was er ist, dann verstehen wir auch unsere Bedürfnisse und die der anderen und wählen sehr wahrscheinlich Worte, die unser Verstehen zum Ausdruck bringen. *Es ist alles nur ein leeres Ruderboot.*

Auch wenn wir sozial engagiert sind, trennt Ärger uns vom eigentlichen Mitgefühl. Ärger hindert uns daran, *Ahimsa* ins einer reinen Form zu praktizieren. Wenn Sie irgendwelche Umstände verändern wollen, üben Sie zunächst Selbst-Empathie, um sich mit Ihren Bedürfnissen zu verbinden, und handeln erst dann, um den von Ihnen gewünschten sozialen Wandel zu unterstützen.

Feindbilder

Der sicherste Weg, uns von uns selbst zu trennen und vorübergehend die Werte von *Satya* und der Rechten Sprache zu vergessen, ist die Projizierung eigener Feinbilder auf andere Menschen oder sogar auf uns selbst. Diese Projektion kann auf Familienmitglieder, auf Nachbarn oder auch auf Politiker gerichtet sein, denen wir nie begegnet sind. Wenn wir Feindbilder haben, haben wir moralische Urteile über uns selbst oder andere und glauben, dass die anderen oder wir selbst schlecht sind.

Wenn Sie mit jemandem einen Konflikt austragen und negative Urteile über ihn äußern, dann entweichen diese „Feindbilder" und beeinflussen die Begegnung. Was immer ich über Sie denke, beeinflusst meine Körpersprache, meinen Ausdruck und meine Worte. Und Sie spüren diese Urteile, auch wenn ich sie nicht ausspreche. Eine Verbindung wird schwierig, wenn nicht sogar unmöglich.

Feindbilder in eine Besprechung oder eine Unterhaltung hineinzutragen ist fast eine Garantie dafür, dass Ihre Bedürfnisse nicht befriedigt werden. Wenn Sie eine Besprechung oder eine Unterhaltung mit jemandem vor sich haben, für den Sie Feindbilder haben, dann üben Sie zuerst Selbst-Empathie und stille Empathie für den anderen, bis Ihre Gefühle sich gewandelt haben. Das kann vielleicht Tage oder sogar Wochen dauern, aber es lohnt sich.

Vielleicht sollten Sie in einem solchen Fall einen erfahrenen GFK-Lehrer um Hilfe bitten, auch wenn es Ihnen schwerfällt. Sie könnten auch Ihre Ziele (z. B. *Ahimsa* und Verbindung) auf ein Blatt Papier schreiben und es vor Augen haben, während Sie mit diesem Menschen sprechen. Das hilft, während des ganzen Gesprächs auf die eigenen Werte fokussiert zu bleiben.

Täuschen Sie sich nicht: Gestehen Sie sich Ihre Feindbilder ein, versuchen Sie sie zu transformieren, indem Sie das hinter dem Urteil verborgene Bedürfnis finden, und wenn Sie sich Hilfe dazu holen, heißt das nicht, dass Sie ein Schwächling sind. Unsere Gesellschaft unterstützt Denk- und Sprechgewohnheiten, die auf Feindbildern beruhen. Aber wenn wir überzeugt sind, dass wir uns selbst und die Welt wandeln können, werden wir lernen, ohne Feindbilder zu reden.

Lassen Sie uns noch eines klarstellen: Wenn wir Feindbilder transformieren, heißt das nicht, dass wir geliebte Wertvorstellungen und den Glauben an unsere Sache aufgeben. Es heißt nur, dass wir weder andere noch uns selbst in eine Schublade mit der Aufschrift „böse, falsch oder schlecht" stecken und dann versuchen mit ihnen zu interagieren. Natürlich können wir eine andere Meinung haben als andere und uns auch anders entscheiden und wir können sogar an den Punkt gelangen, an dem wir meinen, die anderen müsste man einsperren, um ihr Umfeld vor ihnen zu schüt-

zen. Aber wenn man das *Ahimsa*-Prinzip anwendet und niemandem Gewalt antun möchte, dann sieht man im anderen einen Menschen, der wie wir alle leidet. Und dann denkt, handelt und redet man aus Mitgefühl heraus. GFK ist ein kraftvolles Instrument, uns genau hierbei zu helfen.

Die Freude am Unterbrechen

Marshall Rosenberg berichtet, dass in manchen Ländern niemand eine Unterhaltung – sei sie auch noch so unproduktiv – zu unterbrechen wagt und immer erst redet, wenn der andere zu Ende ist. In anderen Ländern jedoch reden alle gleichzeitig. Er scherzte, dass das den Vorteil habe, dass dieselbe unproduktive Unterhaltung in der Hälfte der Zeit absolviert werden könne.

Heute glaube ich daran, dass mich nie jemand unterbricht. Das heißt nicht, dass nicht gelegentlich jemand redet, während ich noch spreche. Aber ich verstehe das nicht als Unterbrechung. Es ist meine Entscheidung, ihre Begeisterung wahrzunehmen und ihren Wunsch, diese mit mir zu teilen. Ich glaube nicht, dass unsere Wahrnehmung unser Leben bestimmt, sie *ist* unser Leben.

Ich sage mir, dass ich verärgert sein könnte, wenn ich unterbrochen werde, da mein Bedürfnis nach Respekt nicht befriedigt wird. Wenn ich dieses „Unterbrechen" als Eifer wahrnehme von jemandem, der mir unbedingt sofort seine Sichtweise oder Vorstellung mitteilen möchte, dann fühle ich mich ganz anders. In jeder Minute formen wir unser inneres Umfeld und daraus entsteht entweder Glück oder Leid. Selbst-Empathie und dann Empathie für den anderen ermöglichen uns, die Worte des anderen nicht als Unhöflichkeit zu verstehen, sondern als einen erfreulichen Austausch.

Aber was ist, wenn wir jemand anderen unterbrechen? Haben wir jemals das Recht dazu? Als Kind musste ich immer warten, bis die Erwachsenen ausgesprochen hatten. Darum schockierte es mich etwas, als Marshall Rosenberg darüber sprach, wie wichtig es manchmal ist, jemand anderen zu unterbrechen. Ich fragte mich, wie es nicht verletzend und damit gewaltfrei sein konnte, unterbrochen zu werden.

Aber ich habe meine Meinung zu diesem Thema geändert und sage auch gern, warum. Erstens bin ich von Ihnen getrennt und vergewaltige mich selbst, wenn ich Ihnen länger zuhöre, als ich an Ihren Ausführungen interessiert bin und zuhören kann. Wenn ich mich früher von einer Unterhaltung getrennt fühlte, tat ich aus Höflichkeit so, als ob ich noch zuhörte. Heute bin ich sicher, dass meine Augen dabei glasig wurden und der andere sehr wohl wusste, dass ich abgeschaltet hatte. Unsere Gesprächspartner spüren genau, wenn wir nicht mehr präsent sind. Oft reagieren sie so, dass sie näher heranrücken, lauter sprechen oder die Geschichte wiederholen. Üben wir wirklich *Ahimsa*, wenn wir zwar so tun, als hörten wir zu, es aber in Wirklichkeit nicht tun?

Ich habe inzwischen gelernt, auf andere Art und Weise zu reagieren. Wenn ich merke, dass ich mit meiner Aufmerksamkeit von dem abschweife, was jemand mir sagt, dann horche ich in mich hinein, um herauszufinden, was gerade in mir lebendig ist. Dazu gehört stille Selbst-Empathie. Dann sage ich vielleicht: „Ich höre, dass Sie mir unbedingt etwas erzählen wollen, aber ich bin so müde (angenommen, ich fühle mich müde), dass ich gar nicht alles aufnehmen kann. Lassen Sie uns doch für diese Unterhaltung eine Zeit vereinbaren, zu der ich Ihnen auch zuhören kann!"

Eine andere Möglichkeit ist, erst einmal anzuerkennen was sich gerade in Ihnen abspielt. Das hört sich vielleicht so an: „Ich höre, dass Sie diese Geschichte mit mir teilen wollen, kann Ihnen aber gerade nicht meine volle Aufmerksamkeit schenken, weil ich unter Zeitdruck stehe. Mein Mann steht schon an der Tür und wartet auf mich. Wir haben einen Termin, zu dem wir nicht zu spät kommen wollen. Lassen Sie uns doch für morgen eine Zeit vereinbaren, zu der wir telefonieren können. Ich möchte unbedingt den Rest der Geschichte hören."

Versuchen Sie immer die Wahrheit zu sagen und Sie werden staunen, wie die Menschen Sie verstehen und bereit sind, Ihnen aus Ihrer misslichen Lage herauszuhelfen. Oft ist der andere sogar erleichtert, weil er spürt, dass er Ihre Aufmerksamkeit verloren hat. Ich mag diesen Umgang damit, weil er *Ahimsa*, *Satya* und die Rechte Sprache miteinander kombiniert. So wird Sprache zur spirituellen Übung.

Auf Dauer gesehen ist es liebevoller und mitfühlender, wenn man *Satya* übt – ehrlich sagt, was in einem lebendig ist – und sich mit dem anderen verbindet, indem man ihn „unterbricht", als wenn man still nur dem Schein nach zuhört, während man innerlich abschweift. Ich vermute mal, dass der andere das genauso wenig möchte wie Sie. Wenn Sie die Wahrheit auf eine Art sagen, auf die Sie sich mit dem anderen verbinden können, verringern Sie die Gewalt, die Sie andernfalls Ihrem Gesprächspartner, Ihrer Beziehung zu ihm und natürlich auch sich selbst antun würden.

Wiederholte Geschichten

Haben Sie sich jemals von einem Freund, Mitarbeiter oder Bekannten immer wieder dieselbe Geschichte anhören müssen bis Sie am liebsten davongelaufen wären? Für gewöhnlich sind das schmerzhafte Begebenheiten aus der Vergangenheit, und wenn Ihre Reaktion nicht das Bedürfnis des Redners nach Empathie erfüllt, dann erzählt er das nächste Mal, wenn Sie sich sehen, dieselbe Geschichte noch einmal, manchmal sogar mit lauterer Stimme. Das mag daran liegen, dass wir in dem Glauben erzogen worden sind, dass das Wichtigste auf der Welt die Meinung anderer Menschen über uns ist.

Als Redner haben wir das vielleicht auch schon getan und damit das Verständnis und die Empathie unserer Zuhörer verwirrt. Für gewöhnlich wollen wir natürlich von unseren Zuhörern verstanden werden, aber wahrscheinlich wollen wir einfach nur Empathie. Da wir glauben, dass wir verstanden werden wollen, um durch dieses Verstehen eine Art Heilung zu erfahren, erzählen wir dieselbe Geschichte immer wieder von Neuem. Ironischerweise versagt diese Strategie nicht nur bei der Befriedigung unseres Bedürfnisses, verstanden zu werden, sondern sie kann uns auch unseren Zuhörern entfremden.

Die spirituelle Sprache zu sprechen bedeutet nicht nur zu hören, was der andere denkt, sondern die Gefühle und Bedürfnisse hinter den Worten zu verstehen. Wenn Ihnen jemand erzählt, was er von einem Ereignis oder einer Erfahrung hält, wird ihn das sicher nicht auf heilende Weise mit seinem Schmerz verbinden. Wenn er Ihnen die Geschichte immer wieder von Neuem erzählt, bieten Sie ihm Ihre Empathie an, indem Sie vermuten, was in ihm vorgeht. Sie können zum Beispiel sagen: „Wollen Sie mich mit Ihrer Erzählung wissen lassen, wie viel Schmerz es Ihnen damals verursacht hat und wie schmerzhaft es immer noch für Sie ist und wie sehr Sie sich nach Respekt (oder Klarheit oder was es auch sein mag) sehnen?"

Wenn Sie eine empathische Vermutung darüber anbieten, was sich im anderen gerade abspielt, werden Sie sehr wahrscheinlich in die Gegenwart wechseln und eine Verbindung mit sich aufbauen können. Wenn Sie den anderen sanft in eine empathische Verbindung führen, werden Sie wahrscheinlich beide Freude an Ihrer Begegnung haben, der andere hört auf, seine Geschichte zu erzählen, und Sie müssen sich nicht mehr zurückziehen.

Wenn wir in unserer Wahrheit bleiben, teilen wir mit anderen, was sich wirklich in uns abspielt. Dann leben wir nicht nur im Hier und Jetzt, sondern wir bauen auch eine Brücke zu unserem eigenen authentischen Selbst und dem der anderen.

Übungen zur Anwendung Gewaltfreier Kommunikation

Ärger

···⟩ Denken Sie an das letzte Mal, als Sie sich über eine Kleinigkeit geärgert haben. Suchen Sie einen ruhigen Ort auf und geben sich selbst stille Empathie für diesen Vorfall. Vermuten Sie voller Mitgefühl, was sich in Wahrheit in Ihnen abgespielt hat. Achten Sie auf den Wandel Ihrer Gefühle.

···⟩ Beobachten Sie sich einen Tag lang und registrieren Sie, was Sie ärgert. Was auch immer es sein mag, Sie verwenden in Ihrem Leben enorm viel Kraft darauf. Geben Sie sich Selbst-Empathie, wenn diese Gedanken aufkommen.

Feindbilder

···⟩ Denken Sie an jemanden, den Sie zwar nicht kennen, der aber einem Ihrer Feindbilder zu entsprechen scheint – zum Beispiel jemand aus dem öffentlichen Leben. Stellen Sie sich vor, Sie unterhalten sich mit ihm und geben ihm dabei Empathie. Achten Sie auf die Veränderung in Ihnen.

···⟩ Das nächste Mal, wenn Sie mit einer Person oder einer Gruppe zu einer Besprechung zusammenkommen, schauen Sie sich um, wer im Raum Ihrem Feindbild entspricht. Geben Sie ihm während der Besprechung stille Empathie.

Wiederholte Geschichten

···⟩ Wenn jemand Ihnen das nächste Mal eine Geschichte erzählt, die Sie bereits gehört haben, schauen Sie sich an, wie Sie sich innerlich oder auch äußerlich entziehen und welche Reaktion Sie damit hervorrufen.

···⟩ Welche Geschichten erzählen Sie anderen immer wieder? Welches unbefriedigte Bedürfnis mag Sie dazu bewegen? Wenn Sie können, geben Sie sich selbst Empathie zu diesem Thema.

6. Unterhaltungen mit unseren Partnern

Sprich, wenn du wütend bist, und du wirst die beste Rede halten,
die du jemals bereut hast.

— LAURENCE J. PETER

Nur wenige Dinge stellen uns so sehr auf die Probe, ob wir im Hier und Jetzt leben, und lassen uns als Menschen so sehr wachsen wie unsere intimen Beziehungen. Diese Beziehungen können unsere tiefsten Gefühle stimulieren – die, die wir mögen, aber auch die, die wir nicht mögen. Außerdem können sie unsere Verhaltensmuster beim Sprechen und Handeln aktivieren. In einer Beziehung zu leben ist also nie langweilig. Ike und ich wünschen uns manchmal eine Art „Beziehungsyoga". Eine Yoga-Stellung zu üben kann sicherlich genauso schwierig sein, wie mit einem Partner über viele Jahre lang in einer konstant liebevollen Beziehung zu leben.

Einmal waren Ike und ich mit dem Auto unterwegs. Ich fragte ihn „Hast du Durst?" und hielt das für eine einfache Frage. Er antwortet darauf: „Nein." Meine Reaktion auf ihn war Ärger. Wenn ich diese Geschichte in Workshops erzähle, ernte ich regelmäßig Gelächter. Ich glaube, viele erkennen sich wieder, entweder in der Rolle des Fragenden oder des Antwortenden.

So, wie ich erzogen worden war, fragte ich Ike, ob er durstig sei, so als wollte ich sagen: *Ich habe Durst.* So eigenartig sich das für manche Leser auch anhören mag, d war mein typisches Muster, nach etwas zu fragen, was ich wollte. In Wirklich versuchte ich zu sagen: „Ich habe Durst. Würdest du bitte anhalten und mir W kaufen?" Aber ich hatte nie gelernt, um die Erfüllung meiner Bedürfnisse z beziehungsweise nicht auf dem direkten Weg. Ich glaubte, um etwas zu h ich wollte, sei egoistisch, anmaßend und nicht spirituell. Meine Stra also, mich vor dem mutmaßlichen Urteil des anderen über meine P zu schützen. Ich versteckte meine Bedürfnisse, indem ich so darüber s hör ten sie nicht zu mir, sondern zu den anderen. Natürlich hatte die sweise Auswirkungen auf alle Interaktionen, die Ike und ich hatten.

Erst als wir Gewaltfreie Kommunikation lernten, änderten sich die Dinge allmählich. Zuerst veränderte ich meine Ansichten über meine Bedürfnisse und dann veränderte ich meine Sprache. Heute würde ich sagen „Ich habe Durst. Würdest du bitte anhalten und Wasser holen. Will sonst noch jemand Wasser?" Wenn ich so rede, bin ich so klar wie nur möglich mit dem, was in mir vor sich geht. Darum glaube ich, dass ich gleichermaßen *Satya* und die Rechte Sprache übe.

Unsere Kultur fördert eine Anschauung, die viele Frauen übernehmen: *Frauen dürfen keine Bedürfnisse haben.* Viele Männer scheinen eine andere Auffassung aus der Kultur übernommen zu haben: *Männer dürfen keine Gefühle haben.* Natürlich sind diese strengen Auffassungen eine Strategie, den Menschen zu helfen, sich in Sicherheit zu fühlen. Aber ironischerweise ist es genau umgekehrt. Erst wenn wir uns im Klaren sind über unsere Gefühle und Bedürfnisse, fühlen wir uns auch in unseren Beziehungen sicher. Das stimmt aus zwei Gründen:

Erstens fühlen wir uns sicherer, wenn unser Partner oder unsere Partnerin uns seine/ihre Gefühle mitteilt, denn unausgesprochene Gefühle werden oft als Aggression wahrgenommen. Wir spüren, wenn sich jemand ärgert oder aufregt, besonders wenn wir mit diesem Menschen in einer intimen Partnerschaft zusammenleben. Wenn dieser seine Gefühle so ausdrückt, dass wir sie auch hören können, sind wir oft erleichtert, auch wenn wir keine Lösung für den Auslöser dieser Gefühle haben.

Eines Tages besuchte unsere Familie eine andere, in der die Eheleute gerade dabei waren, sich zu trennen. Als ich meinen Koffer auspackte, kamen unsere drei Kinder ins Zimmer, schlossen die Tür hinter sich und fragten, was in der Familie los sei, die sie ihr ganzes Leben lang anders erlebt hatten. Ich sagte ihnen einfach, dass das, was sie fühlten, in allen Familien verbreitet sei, wenn die Ehepartner in Erwägung ziehen, sich zu trennen. Es überraschte mich, wie erleichtert unsere Kinder waren. Sie hatten die gereizte Energie überall im Haus gespürt und waren erleichtert, als jemand, dem sie vertrauten, es ihnen erklären konnte.

Männern wird oft beigebracht, ihre Verletzbarkeit zu verbergen. Vielleicht haben sie, wenn sie in der Vergangenheit ihre Gefühle ausdrückten, um sich sicherer zu fühlen, Beschämung und Erniedrigung erfahren müssen. Wenn Ihr Partner ein Mann ist, können Sie ihn vielleicht unterstützen, indem Sie beispielsweise äußern: „Ich fühle mich zurzeit mit dir nicht so sehr verbunden, wie ich es immer gerne bin, wenn du mir deine Gefühle erzählst" oder „Ich fühle mich bei dir sehr viel sicherer, wenn du mir deine Gefühle erzählst". Wir empfehlen Ihnen, Feststellungen wie diesen eine Bitte folgen zu lassen, die in etwa so klingt: „Wie fühlst du dich, wenn du hörst, was ich gerade gesagt habe?"

Von Ihrer Reaktion auf das, was Ihr Partner daraufhin sagt, hängt entscheidend seine Bereitschaft ab, sich Ihnen gegenüber zu öffnen. Wir schlagen vor, dass Sie echte

Wertschätzung für seine Bereitschaft zu antworten zum Ausdruck bringen, egal ob Sie den Inhalt seiner Botschaft mögen oder nicht. Ihre Wertschätzung kann auch dann echt sein, wenn seine Botschaft Ihnen wehtut, weil der Inhalt ein Geschenk für Sie ist, wenn Sie sich darauf konzentrieren, dass das Geschenk darin besteht, dass Ihr Partner sich Ihnen gegenüber geöffnet hat. Wir empfehlen Ihnen, nicht mit einem Urteil über seine Gefühle zu antworten oder sie gar als falsch abzulehnen. Es hängt von unserer Reaktion ab, wie unser Partner sich in Zukunft uns gegenüber auf einem Gebiet verhält, das sein Leben lang als „Verletzungszone" vermint war.

Vielen Menschen, besonders Männern, ist beigebracht worden, dass Gefühle nur „stören", wenn man etwas „erledigt" haben möchte. Also müssen sie ihre Gefühle verleugnen, um produktiv und damit lebenstauglich zu sein. Aber wir können unseren Partnern helfen, damit sie erkennen, dass in der Sicherheit der Beziehung die Verletzbarkeit und das Teilen von Gefühlen nicht nur mit Liebe aufgenommen, sondern sogar gefeiert werden.

Der zweite Grund, warum es in Beziehungen so wichtig ist, sich über Gefühle und Bedürfnisse im Klaren zu sein, ist der folgende: Frauen sind nicht nur erzogen worden, nicht um die Erfüllung ihrer Bedürfnisse zu bitten, sondern sie sind sich ihrer Bedürfnisse meistens nicht einmal bewusst. *„Was wollen Frauen?"*, ist die Frage, die Sigmund Freud sein Lebtag nicht ergründete.

Vielleicht werden Frauen von den Männern als etwas Geheimnisvolles gesehen, weil diese ihre Bedürfnisse nicht ausdrücken oder sich gar nicht erst zugestehen. Wenn Frauen etwas mehr über ihre Bedürfnisse erführen, dann würden sie vielleicht auch den Mut finden, auf direktere Art um deren Erfüllung zu bitten. Dann würden sie nicht nur ihren Partnern besser gefallen, sondern auch lernen, ihren Einfluss in der Welt zu spüren.

Weihnachtsmann spielen

Ein weiterer wichtiger Schritt hin zum Gebrauch von *Satya* und der Rechten Sprache in unserer Beziehung ist, dass wir uns bewusst werden, wofür wir unsere Bedürfnisse halten. Wenn wir glauben, dass die Erfüllung unserer Bedürfnisse für den anderen eine Last ist, werden wir nur widerwillig darum bitten. Wenn wir in Wahrheit leben wollen, müssen wir uns darüber im Klaren sein, was wir wollen. Ob wir dann aber auch in der Lage sind, eine klare und eindeutige Bitte zu äußern, ist eine andere Frage.

Wenn wir nicht um das bitten, was wir wollen, kann das Ausdruck unseres unbewussten Glaubens sein, dass unsere Bedürfnisse nicht wichtig sind oder dass wir uns paradoxerweise für jemand Besonderen halten, der sich von anderen darin unterscheidet, dass er nichts braucht. So zu denken ist eine Art Egoismus: Wir glauben heimlich, dass wir besser sind als andere, weil unsere Bedürfnisse nur klein sind oder wir gar keine haben. Darum brauchen wir andere auch nicht um Unterstützung zu bitten. Vielleicht haben wir auch nur Lehren des Yoga oder des Buddhismus so verdreht, dass wir das Bitten um Unterstützung für egoistisch oder fordernd halten. Aber man kann in dieser Welt auch anders leben.

Ike und ich haben von Marshall Rosenberg gelernt, uns selbst diese Frage zu stellen: Was wäre, wenn wir unsere Bitte dem anderen vortragen, als wäre sie ein Geschenk? Was wäre, wenn Sie nicht nur glaubten, Ihrem Partner ein Geschenk zu geben, sondern wenn Sie mit Ihrer Bitte Ihrem Partner das kostbarste Geschenk der Welt machten? Das Geschenk ist für den anderen die Gelegenheit, Ihre Bedürfnisse zu erfüllen. Sie spielen quasi den Weihnachtsmann und die anderen bekommen ein Geschenk! Zu glauben, dass unsere Bedürfnisse für den anderen eine Last sind, ist eine Hölle für sich, während zu glauben, dass unsere Bedürfnisse Geschenke sind, der Weg aus dieser Hölle hinaus ist.

Wir meinen damit nicht, dass Ihr Bedürfnis allein durch Ihre Bitte auch auf bestimmte Weise erfüllt wird. Wir meinen vielmehr, dass Sie als Erstes den Mut finden sollen, überhaupt zu bitten, und dann, dass Sie dies weder weinerlich noch klagend tun sollen. Eine Bitte zu äußern ist eine Möglichkeit, Ihrem Partner ein Geschenk zu machen, indem Sie ihm die Entscheidung überlassen, Ihre Bitte zu erfüllen oder nicht. Und wenn das Geben an einen geliebten Menschen aus tiefstem Herzen kommt, dann ist das eine der größten Freuden im Leben. Wenn Sie von dem Standpunkt aus fragen: „Du glücklicher Partner, ich gebe dir die Möglichkeit, meine Bedürfnisse zu erfüllen", dann sind Sie der Weihnachtsmann.

Wenn wir unseren Partner jedoch bitten, unsere Bitte zu erfüllen, ohne vorher mit ihm unsere Gefühle und Bedürfnisse geteilt zu haben, bekommt er nicht, was er braucht, um sich an der Erfüllung freuen zu können. Wir wollen den Menschen zuerst unsere Bedürfnisse nahebringen und dann erst unsere Bitte äußern. Von unseren Partnern möchten wir, dass sie in dem Glauben sind, das Wunderbarste zu tun, was sie im Moment nur tun können, wenn sie unsere Bedürfnisse erfüllen. Die Bitte ist nicht von fordernder Energie umgeben. Wenn wir so geben, verändern wir uns, weil das Mitgefühl wächst, und dasselbe passiert in unseren Partnern und in der Welt.

Stellen Sie sich vor, Ihr Partner kommt zu Ihnen und fragt Sie: „Was kann ich jetzt sagen oder tun, um dein Leben schöner zu machen?" Ich vermute mal, dass Sie vor Liebe dahinschmelzen. Die Techniken der GFK haben kein anderes Ziel, als Verbindungen zu schaffen, mit denen wir das Leben für andere schöner machen. Das hilft uns, den Geist der Wahrheit zu leben, und die Wahrheit hat ihre Wurzeln in der Liebe.

Bitte beachten Sie, dass wir, wenn wir so miteinander reden, nie etwas für den anderen tun. Im Grunde tut nie jemand etwas für jemand anderen. *Wir tun alles nur, um unsere eigenen Bedürfnisse zu befriedigen.* Wenn wir für unseren Partner aus einem anderen Grund etwas tun, als unser eigenes Bedürfnis zu befriedigen, indem wir die Partnerschaft unterstützen und unseren Beitrag zu ihr leisten, dann machen wir ihm nicht wirklich ein Geschenk. Dann hat das „Geschenk" Erwartungen und ist mit – meist unbewussten – Bedingungen verbunden. Der andere spürt die versteckte Verpflichtung. Wenn wir etwas tun, weil wir es tun „sollten" oder „müssen", und wenn wir auch nur einen Hauch von Groll haben oder gar Angst vor Bestrafung, falls wir es nicht tun, dann tun wir uns selbst Gewalt an und der Beziehung natürlich auch.

Am Ende müssen andere dafür bezahlen, wenn ich mich selbst „opfere". Grund für diese Form der Selbstaufopferung können Vorstellungen von Pflichterfüllung oder Verpflichtungen sein, sie kann ein Versuch sein, Liebe zu kaufen, damit andere uns mögen, oder ihr kann der Wunsch zugrunde liegen, Gott zu gefallen. Wenn das unsere Motive sind, leiden wir selbst und schaffen Leid für andere. Wenn hingegen alles, was wir tun, mit der Absicht geschieht, unsere eigenen Bedürfnisse zu erfüllen, dann ist alles klar und wir leben in der Gegenwart.

Nicht locker lassen

Erinnern Sie sich an den Enten-Index in Kapitel 4? Bevor Sie Ihrem Partner ein Geschenk machen, überprüfen Sie Ihren Enten-Index, denn der sollte sehr hoch sein. Und vor allem geben Sie nicht auf, wenn Sie auf Widerstände stoßen. Verfolgen Sie hartnäckig die Erfüllung Ihrer Bedürfnisse – wie ein Hund, der immer wieder kommt und seinen Kopf unter Ihre Hand schiebt, um gestreichelt zu werden. Er tut das aus Liebe.

Gehen Sie zu Ihrem Partner und erzählen ihm, was Sie brauchen. Dann bringen Sie Ihre Bitte vor. Wenn sie nicht erfüllt wird, geben Sie sich selbst und Ihrem Partner stille Empathie und fragen noch einmal. Und noch einmal. Fragen Sie aus dem Herzen heraus und ändern Sie Ihre Strategie jedes Mal ein wenig. Das hat nichts mit Nörgeln zu tun. Nörgeln ist eine Form der Forderung; das Bitten um Bedürfniserfüllung ist eine Bitte. Wenn wir nörgeln, dann verhalten wir uns so, als sei der andere im Unrecht – wir machen ihn für unseren Gefühlszustand „verantwortlich" und erwarten von ihm, uns „in Ordnung zu bringen". Um die Erfüllung seiner Bedürfnisse zu bitten setzt voraus, dass wir Verantwortung für sie übernehmen und versuchen, sie zu bekommen. Achten Sie also darauf, dass Sie keine Kritik üben. Jede Art von Kritik ist der tragische Ausdruck unbefriedigter Bedürfnisse. Vergessen Sie nie, dass Ihre Bedürfnisse ein Geschenk sind für Sie und Ihren Partner, denn Ihre Bedürfnisse verbinden Sie beide direkt mit dem Leben.

Immer wieder für dasselbe kämpfen

Lange Partnerschaften scheinen sich dadurch auszuzeichnen, dass die Partner sich immer wieder um dasselbe streiten. Wir streiten uns immer wieder um die Temperatur. Einer von uns sagt: „Es ist kalt hier", der andere antwortet: „Nein, ist es nicht", und schon fangen wir wieder an zu streiten. Partner sind oft nicht in der Lage, Langzeitkonflikte zu lösen, denn sowie der Streitpunkt aufkommt, schlagen beide Strategien vor, um das Problem zu lösen. Wir greifen zu den bewährten Äußerungen: „Wenn es dir zu kalt ist, dann zieh dich wärmer an", während der andere meint: „Nein, wenn es dir zu warm ist, dann zieh deine warmen Sachen aus." Es würde besser funktionieren, wenn die Gefühle und Bedürfnisse eines jeden in empathischer Verbindung eingebettet sind, die sicherstellt, dass jeder verstanden wurde. Wenn wir uns verstanden fühlen, werden wir neugierig darauf, was der andere wohl für Bedürfnisse hat, und wir sind offen für neue Strategien, um die Bedürfnisse aller Beteiligten im Hier und Jetzt zu befriedigen.

Marshall Rosenberg sagt, er könne jedem Paar helfen, jedwede Langzeitstreitigkeiten beizulegen, und das in nur zwanzig Minuten ihrer Zeit, nachdem die beiden angefangen haben, die Bedürfnisse des anderen zu verstehen. Jahrelange Konflikte sollen in nur zwanzig Minuten verschwunden sein? Der Schlüssel dazu ist, Empathie erst zu geben und dann zu empfangen. Bei einer seiner Veranstaltungen fragte Marshall Rosenberg das Publikum, welches der Paare wohl den am längsten andauernden Streit habe. Es meldete sich ein Paar, das sich seit Jahrzehnten über das Scheckheft stritt. Jeder Partner brauchte eine Weile, die Bedürfnisse des anderen empathisch zu verstehen, aber als es ihnen mit Rosenbergs Hilfe endlich gelang, hatten sie das Problem mit dem Scheckheft in etwa zehn Minuten gelöst.

Als ich diese Geschichte hörte, spürte ich große Hoffnung, aber auch tiefe Traurigkeit. Wir alle bleiben gelegentlich in sich ständig wiederholenden Argumenten stecken. Für mich ging es eigentlich nie wirklich um das „Streitthema"; es ging immer nur um das Bedürfnis nach Empathie. Wen wir lernen, unserem Partner Empathie zu geben und zu empfangen, öffnet das Türen für echte Verbindung und Liebe. Wir alle sehnen uns danach, als die, die wir sind, gesehen und verstanden zu werden, und zwar ohne Urteil. Geben Sie Ihrem Partner dieses Geschenk und vielleicht können Sie so Ihren Dauerstreit beilegen. Es ist einen Versuch wert.

Bewusstlos werden

Bei allen spirituellen Übungen geht es im Grunde um dasselbe: mit offenem Herzen im Hier und Jetzt leben. Das ist das Wesentliche am bewussten Leben. Aber in der Hektik des täglichen Geschäftslebens und den Gewohnheitsmustern langer Beziehungen werden fast alle von uns „bewusstlos", wenn diese Gewohnheitsmuster von unserem Partner oder den Umständen aktiviert werden.

Es lohnt sich, etwas Zeit darauf zu verwenden, sich in Ruhe zu überlegen, was Sie tun, wenn Sie in Ihrer Beziehung „bewusstlos" werden, d. h. Ihren Verhaltensmustern unbewusst freien Lauf lassen. Ziehen Sie sich zurück? Beschuldigen Sie den anderen? Gehen Sie bei allen Äußerungen sofort in die Verteidigung, weil Sie diese als Kritik empfinden? Wenn Sie erst mal den Grundgedanken und Ihre gewohnheitsmäßige Reaktion gefunden haben, teilen Sie dieses Ergebnis mit Ihrem Partner. Er wird Ihr Muster sicherlich wiedererkennen. Schließlich schlagen Sie sich schon seit Jahren damit herum. Danach versuchen Sie mal diese Strategie:

Vereinbaren Sie mit Ihrem Partner ein Zeichen, mit dem er Sie an Ihr Versprechen erinnert, bei einem Streit in der Gegenwart zu bleiben. Das kann ein erhobener Finger oder ein bestimmtes Wort sein, mit dem Ihr Partner Sie daran erinnert, dass Sie in alte Muster zurückfallen. Sie können füreinander dasselbe Zeichen ausmachen oder jeder bekommt ein eigenes. Wichtig ist nur, dass Sie sie auch benutzen.

Vor ein paar Jahren erzählte Ike der ganzen Familie von seinen Verhaltensmustern und davon, wie wichtig es ihm war, in der Gegenwart zu sein, und er bat uns alle, ihn darauf aufmerksam zu machen, wenn er es nicht war. Bald darauf – wir saßen gerade beim Abendbrot – ärgerte er sich und begann unseren erwachsenen Sohn zu kritisieren. Der erinnerte Ike an die Vereinbarung, die er mit uns getroffen hatte: „Dad, ist das jetzt die Art und Weise, wie du mit uns umgehen möchtest? Ist es diese Art von Verbindung, die du mit uns haben möchtest?" Das reichte, um Ike an sein Versprechen zu erinnern, für Klarheit in der Kommunikation zu sorgen. Er sagte, er müsse den Raum kurz verlassen, um sich zu zentrieren, und wolle in besserer Verfassung zurückkommen, um mit seinem Sohn so zu kommunizieren, wie er es eigentlich wollte. Und das tat er.

Der restliche Abend war für uns alle schön und wir genossen die Zeit, die wir als Familie zusammen verbringen konnten. Es war für uns alle ein Durchbruch. Wir hatten gelernt, dass wir unsere Verhaltensmuster verändern können, wenn wir uns bewusst bleiben, was wir tun. Ikes Entscheidung war für uns alle inspirierend.

Nie Kritik zuhören

Wenn wir die Verbindung mit der Absicht hinter unseren Worten verlieren, dann haben wir besonders für unseren intimen Partner einen großen Wortschatz, um ihm zu sagen, was mit ihm nicht stimmt. Manche Partner fühlen sich auch kritisiert, egal was man ihnen sagt. Jedenfalls braucht man dann Notfall-Empathie.

Manchmal ist die wirkungsvollste Lösung zu sagen: „Ich bin gerade nicht in der Lage, dir zuzuhören. Ich gehe spazieren, bis ich wieder zentriert bin, und dann versuche ich noch einmal zu hören, was dein Herz mich hören lassen möchte."

Hören Sie nie zu, wenn andere Leute Ihnen sagen wollen, was sie von Ihnen *denken*. Vielleicht glauben sie, dass Sie für ihren Schmerz verantwortlich sind, und benutzen Schuldzuweisungen, um Sie glauben zu machen, dass Sie tatsächlich der Verursacher sind. Das sind Sie aber nicht. Nicht was der andere sagt, verursacht meinen Schmerz, sondern die *Art und Weise,* wie ich es höre.

Sie haben vielleicht den anderen gereizt, aber er verursachte seinen eigenen Schmerz durch das, was er hören wollte. Statt sich also anzuhören, was Ihr Partner denkt, hören Sie, was sein Herz Ihnen sagt. Hören Sie, was sich hinter seinen Worten der Kritik verbirgt. Ist er vielleicht gerade verletzt, ängstlich oder frustriert? Geben Sie sich selbst und ihm stille Empathie. Schlagen Sie keine Lösung oder Strategie vor, bevor sie beide sich gewandelt haben.

Eine der bittersten Lektionen, die wir von Dr. Rosenberg gelernt haben, ist, dass wir in Beziehungen alle „langsam weniger dumm werden". Hoffentlich kann die Beziehung die Anspannung aushalten, bis wir rauskriegen, wie wir uns gegenseitig auf die Palme bringen und welche Worte sich besonders dafür eignen. Dann können wir Empathie geben und entgegennehmen, um eine Verbindung zu schaffen und uns zu entspannen, jedenfalls bis zum nächsten Mal.

Eine Strategie, um eine Verbindung zu stärken, ist, sich ständig darüber zu freuen, wie der andere Ihr Leben bereichert. Bauen Sie diese Freude in Ihre Beziehungsstruktur ein; schaffen Sie sich Raum, sich jeden Tag zu freuen. Eine Möglichkeit könnte sein, Ihrer Partnerin Anerkennung für etwas zu geben, was sie jeden Tag tut. Zum Beispiel: „Ich weiß es wirklich zu schätzen, dass du jeden Tag früh aufstehst und zur Arbeit gehst, damit wir in diesem Haus leben können" oder: „Danke für dieses Dinner. Ich weiß, es hat dich viel Zeit und Mühe gekostet, und ich möchte, dass du weißt, dass es mir geschmeckt hat und sehr bekömmlich war."

Mythos Unabhängigkeit

Die meisten von uns sind in dem Glauben groß geworden, dass es wichtig sei, unabhängig zu sein, für uns selbst zu denken und zu entscheiden und uns unsere eigene Meinung zu bilden. Es liegt zum Teil an diesen kulturellen Normen, dass wir keine klaren Vorstellungen über die Unterschiede zwischen Abhängigkeit und Unabhängigkeit haben, und darum vermissen wir die Freude der Unabhängigkeit.

Wenn man sich abhängig fühlt, glaubt man, dass nur ein bestimmter Mensch die eigenen Bedürfnisse erfüllen kann – zum Beispiel das Bedürfnis nach Liebe. Vielleicht sage ich mir: „Ich brauche dich, um mich zu lieben." Dabei ist diese Feststellung nur eine Strategie. Wenn wir glauben, eine bestimmte Person zu brauchen, um Liebe zu bekommen, dann machen wir uns von dieser Person abhängig. So haben wir nur Liebe in unserem Leben, wenn diese Person sie uns freiwillig gibt oder wir sie davon überzeugen, manipulieren oder anbetteln. Das ist eine abschreckende Aussicht.

Um uns vor solch einer Abhängigkeit und möglichen Verletzungen zu schützen, handeln und sprechen wir manchmal aus dem Glauben heraus, dass wir von anderen völlig unabhängig sind. Diese Sicht der Welt verstärkt die Vorstellung, dass keiner unsere Bedürfnisse befriedigen kann außer uns selbst. Das mag zwar eine sichere Position sein, aber sie ist auch sehr einsam.

Es gibt noch eine dritte Möglichkeit zu handeln und sprechen. Benutzen Sie die Sprache dazu, die gegenseitige Abhängigkeit, die wir mit anderen Menschen haben, anzuerkennen. Diese Interdependenz bedeutet, dass meine Bedürfnisse nicht befriedigt werden können, wenn die des anderen es nicht sind und umgekehrt. Mit diesem Bewusstsein wird klar, dass wir durch die menschlichen Bedürfnisse, die wir alle haben, auch alle miteinander verbunden sind.

Keine Beziehung wird funktionieren und gesund sein, wenn nicht beide Partner ihre Bedürfnisse erfüllt bekommen. Dazu gehören auch die Beziehungen zwischen Vorgesetzten und Mitarbeitern, Lehrern und Schülern und zwischen Freunden aller Art. Eine Beziehung, in der ein Teil seine Bedürfnisse ständig erfüllt bekommt und der andere nicht, kann nicht überleben.

Die Freude am Risiko

Oft hält uns die Angst, Mist zu bauen und unsere Beziehung zu riskieren, davon ab, mit unseren Partnern GFK zu üben. In solch einem Fall empfehlen wir Ihnen, haben Sie keine Angst, Mist zu bauen. Mit Ihren frisch erworbenen Fähigkeiten in Gewaltfreier Kommunikation können Sie den alten Mist beseitigen. Entspannen Sie sich voller Vertrauen in Ihre Fähigkeit, gemeinsam mit Ihrem Partner Ihre „Fehler" zu beklagen und dann erneut zu versuchen, eine Verbindung mit ihm zu schaffen.

Übungen zur Anwendung Gewaltfreier Kommunikation

Das Leben schöner gestalten

···⟩ Nehmen Sie sich gemeinsam mit Ihrem Partner vor, sich eine Woche lang jeden Morgen nach dem Aufwachen gegenseitig zu fragen: „Was kann ich heute tun, damit dein Tag schöner ist?" Sie werden sehen, wie viel Freude das machen kann. Achten Sie darauf, dass Sie der Antwort mit Empathie zuhören und die erbetene Handlung auf Ihrem Enten-Index mindestens eine 6 hat.

···⟩ Am Ende des Tages sagen Sie Ihrem Partner laut, wie dankbar Sie dafür sind, dass er Ihr Leben heute schöner gestaltet hat.

Zielgerichtete Vermutungen

···⟩ Verbringen Sie mit Ihrem Partner zehn Minuten, in denen Sie ihn bitten, Ihnen aus jüngster Vergangenheit ein Ereignis zu erzählen, bei dem er sich geärgert hat (nicht über Sie). Helfen Sie ihm, sich an die Gefühle und Bedürfnisse zu erinnern, die dabei in ihm aufgekommen sind. Dann unterstützen Sie ihn dabei, Ihnen zu erzählen, wie er sich im Hier und Jetzt fühlt und welche Bedürfnisse er hat. Bieten Sie keine Lösungen an, geben Sie ihm nur Empathie.

···⟩ Wenn es sich gut anfühlt, versuchen Sie dieselbe Übung mit einem Ereignis, bei dem es um Sie und diesen Partner ging.

7. Gespräche mit unseren Kindern und Eltern

Wenn ich jemandem gesagt habe, was mit ihm nicht stimmte,
brachte es mir nie das ein, was ich von ihm wollte.

— MARSHALL ROSENBERG

Wir hatten uns schon einige Jahre mit GFK beschäftigt, als wir eine Unterhaltung mit unserer Tochter hatten, die damals noch ein Teenager war. Offensichtlich befanden wir uns mit unseren Fähigkeiten immer noch im Anfangsstadium, denn als wir versuchten, GFK einzusetzen, antwortete sie: „Ich habe keine Gefühle, keine Bedürfnisse und auch keine Bitten. Also hört auf, euer GFK-Zeug bei mir anzuwenden. Ich weiß, was ihr da tut." Es lag wohl an unserer fehlenden Erfahrung, dass sie mit ihrer Antwort alle unsere Bemühungen zunichtemachte. Man kann mit Recht behaupten, dass die für uns neue Art der Kommunikation mit unseren Kindern und Eltern am schwierigsten ist. Jedenfalls ist es am schwierigsten, die Prinzipien der spirituellen Sprache mit ihnen anzuwenden.

Die Kind-Eltern-Beziehung ist wahrscheinlich so strapaziös, weil Machtstrukturen verändert werden. Wenn Kinder geboren werden, haben Eltern die ganze Macht. Nach und nach, wenn die Kinder heranwachsen, geben wir ihnen immer mehr eigene Entscheidungsfreiheit, bis sie schließlich unser Haus verlassen und ihr eigenes Leben führen. Oft halten Eltern unbewusst an dem Glauben fest, sie seien immer noch für ihre Kinder, deren Äußerungen, Handlungen und Ansichten verantwortlich.

In der Beziehung zu unseren eigenen Eltern passiert das Gegenteil. Wenn wir unsere Eltern besuchen oder wenn sie verstorben sind und wir an sie denken, kommt manchmal der alte rebellierende Geist in uns auf. In ihrer Gegenwart sind wir leicht verärgert, vor allem wenn wir merken, dass sie unsere Entscheidungen beurteilen oder versuchen uns vorzuschreiben, was wir zu tun haben, oder auch nur ihren Rat anbieten. Wir möchten, dass sie sich aus unserem Leben heraushalten und uns wie ganz normale Erwachsene behandeln, auch wenn wir vielleicht gerade erst fünfzehn Jahre alt sind.

Macht über oder Macht mit

Marshall Rosenberg berichtet, dass seine Beziehung zu seinen Kindern sich erst drastisch geändert hat, als er einsah, dass er seine Kinder nicht dazu bringen konnte, etwas zu tun – er konnte sie nur dazu bringen zu wünschen, sie hätten es getan. Als er sich dieser Methode bediente, fand er jedoch heraus, dass seine Kinder ihn dazu brachten zu wünschen, er hätte sie nicht dazu gebracht zu wünschen ... So funktioniert die Welt, wenn wir nach dem Paradigma „Herrschaftsanspruch" handeln.

Als junges Paar glaubten Ike und ich, dass Elternsein nicht nur hieß, seine Kinder zu lieben, sondern auch dafür zu sorgen, dass sie auf uns hörten und sich auf bestimmte Weise verhielten. Das glauben wahrscheinlich alle verantwortungsbewussten Eltern anfangs. In diesem Glauben zu handeln bringt nur ein Problem mit sich: Es ist lediglich eine kurzfristige Lösung und sie kann unerwünschte Konsequenzen haben. Es ist manchmal möglich, sein Kind dazu zu bringen, zu tun, was man will, indem man die Herrschaftsstellung als Eltern ausnutzt. Aber unter gar keinen Umständen kann man mithilfe dieser Herrschaftsstellung sein Kind dazu bringen, es aus denselben Gründen zu tun, die Sie im Sinn hatten. Wenn wir keine anderen Wege finden, mit unseren Kindern zu kommunizieren und uns mit ihnen zu verbinden, dann bauen wir Kind-Eltern-Beziehungen auf, die nicht nur unbefriedigend sind, sondern für beide Seiten viel Leid mit sich bringen.

Ike und ich lernten bereits von unserem ersten Kind, dass wir noch nicht einmal einen zweijährigen Knirps unter unsere Kontrolle bringen konnten. Wenn er einen Wutanfall hatte, konnten wir ihn zwar in sein Zimmer schicken, aber wir konnten ihn nicht dazu bringen, dass es ihm gefiel oder er aufhörte, immer wieder herauszukommen. Es war eine demütigende Erfahrung.

Hier wird Sprache zur spirituellen Übung. Als Suzuki Roshi gefragt wurde, wie man Teenager unter Kontrolle bringen könne, sagte er: „Sie können nie deren Verhalten kontrollieren, nur Ihr eigenes." Das zeigt, dass regelmäßiges Üben von Selbst-Bewusstheit wie beim Yoga oder in der Meditation uns als Eltern helfen kann, Klarheit darüber zu erlangen, was in uns gerade lebendig ist und welche Bedürfnisse wir wirklich haben. Schließlich können auch Übungen zur Selbst-Bewusstheit uns helfen, unser Kind als ein Individuum zu sehen und klar zwischen den Bedürfnissen unserer Kinder und unseren eigenen Bedürfnissen zu unterscheiden.

Ich (Judith) habe mal von einem Kinderpsychologen gehört, dass Eltern sich bei Problemen ihres Kindes fragen sollten: „Ist das für uns Eltern ein Problem oder für das Kind oder ist es ein Problem, das wir gemeinsam lösen müssen?" Er schlug vor, dass Eltern sich Hilfe holen sollten, wenn es ihr Problem ist. Sollte es ein Problem des Kindes sein, sollten die Eltern es bei der Lösung unterstützen. Ist es ein Problem beider Seiten, sollten auch beide einen gemeinsamen Lösungsweg finden. Die schwierigste Aufgabe ist zu unterscheiden, wessen Problem es ist.

Es ist einfach, seine Kinder vor allem schützen zu wollen. In Amerika nennt man solche Eltern Helikopter-Eltern, weil sie wie ein Helikopter über allen Aktivitäten ihrer Kinder schweben. In Wirklichkeit ist es die Manifestation des Versuchs, über das Leben des Kindes und seine Entscheidungen Macht auszuüben. Dahinter mag der verzweifelte Wunsch stehen, dass das Kind ein glückliches, gesundes und sicheres Leben hat, aber solch ein Verhalten hat Konsequenzen.

GFK hat uns geholfen, unser Verständnis von Machtausübung in menschlichen Beziehungen zu verändern. Wir haben gelernt, dass wir die Herrschaft *mit* unseren Kindern teilen wollten und nicht unsere Macht *über* sie ausüben wollten. Das heißt nicht, dass wir unsere Verantwortung für unsere Kinder aufgeben, sondern dass wir verstehen, dass alle Menschen Macht haben, mögen die Umstände auch noch so eingeschränkt sein. Wenn Ihnen jemand eine Pistole an die Stirn hält und sagt: „Geld oder Leben", dann mag Ihnen diese Entscheidung nicht gefallen, aber Sie haben immer noch die Macht, sie zu treffen.

Auch kleine Kinder können über ihre Gefühle und Gedanken entscheiden. Nach außen hin handeln sie vielleicht, wie wir es wollen, aber innerlich tun sie, was sie wollen. Die erfolgreichsten Beziehungen mit Kindern basieren darauf, dass man ihre Macht anerkennt. Das heißt nicht, dass wir unsere Verantwortung und Pflicht, sie zu schützen und zu lenken, aufgeben, sondern dass wir verstehen, dass sie an jedem Prozess teilnehmen. Wenn Sie das nicht glauben, versuchen Sie doch mal einen Teenager dazu zu bringen, in der Schule gute Noten zu bekommen, und lassen Sie uns wissen, wie das geht. Die Kinder tun, was sie wollen. Wir können nur unsere eigenen Handlungen beeinflussen. Wenn unsere Sprache das nicht zum Ausdruck bringt, dann leben wir nicht in der Wirklichkeit.

Als wir anfingen, GFK zu lernen, haben wir uns noch wie Eltern verhalten, die Macht über ihre Kinder haben. Mit dieser Einstellung benutzt man Worte oder Handlungen, die jemanden dazu bringen sollen zu tun, was man von ihnen will. Hinter den Worten steht ein unausgesprochener Machtanspruch für den Fall, dass der andere nicht Folge leistet. Wenn Sie wissen wollen, welche Art von Welt mit dieser Einstellung erschaffen wird, brauchen Sie sich nur umzuschauen. Trotz aller Fortschritte, die die menschliche Gesellschaft gemacht hat, versuchen wir immer noch viel zu oft, die Probleme durch Machtausübung zu lösen.

Wenn man jedoch bereit ist, die Macht mit anderen zu teilen, braucht man Kommunikationsfähigkeiten, die die Macht in allen anderen anerkennen. Nur so findet man Problemlösungen, die von allen Seiten akzeptiert werden, da die Bedürfnisse aller Beteiligten befriedigt werden.

Vielleicht helfen hier zwei Beispiele weiter, wie wir gelernt haben, uns die Macht mit unseren Kindern zu teilen. Einmal wollte unsere dreizehnjährige Tochter mit ihrer Freundin zu einem Rock-Konzert gehen und erst morgens um 2 Uhr nach Hause kommen. Als sie mich das erste Mal fragte, war meine unausgesprochene Reaktion: „Davon träumst du auch nur!" Aber dann wurde mir klar, dass sie erwachsener war, als ich dachte, und sie das Haus einfach verlassen konnte. Ich würde sie (oder eventuelle Enkelkinder) nie wiedersehen. Außerdem würde ich sie wohl kaum ans Bett ketten können. Ich sah ein, dass mir als einzige Strategie die Verhandlung blieb, und setzte erst einmal mein Lieblingsmantra ein: „Erzähl mir doch mehr darüber." Mit dieser Taktik gewinnt man Zeit zum Atmen und zur besseren Einschätzung der Situation. Während dieser Pause merkte ich, dass ich nichts dagegen hatte, dass sie mit ihrer Freundin ein Rock-Konzert besuchen wollte, mir aber sehr wohl Sorgen um ihre Sicherheit machte.

Während sie noch begeistert von den Gruppen und der Musik erzählte, erinnerte ich mich an meine GFK-Techniken und sagte: „Ich höre, dass das Konzert dich begeistert, aber ich mache mir Sorgen. Würdest du bitte mit mir zehn Minuten lang überlegen, wie wir unser beider Bedürfnisse befriedigen können?" So werden die Bedürfnisse des anderen anerkannt. Er fühlt sich verstanden und ist eher bereit, auch meine Bedürfnisse wahrzunehmen.

Als unsere Tochter einverstanden war, die Unterhaltung auf der Bedürfnisebene weiterzuführen, erzählte ich ihr, dass meine Bedürfnisse nur ihre Sicherheit betrafen. Ich schlug ihr drei Strategien vor, die mein Bedürfnis nach Sicherheit und ihr von mir vermutetes Bedürfnis nach Spaß und Abenteuer befriedigen konnten. Ich machte einen Vorschlag nach dem anderen und sie war mit jedem einverstanden. Diese Strategien beinhalteten den Vorschlag, dass ihr älterer und sehr vertrauenswürdiger Bruder sie begleiten und nicht allein lassen sollte, damit sie nicht unbeaufsichtigt herumstreunten. Außerdem sollten sie vor Mitternacht wieder zu Hause sein.

Unsere Tochter war nicht nur mit allem einverstanden, wir beendeten unsere Unterhaltung sogar mit einer Art Verbindung und Feierstimmung statt wie sonst so oft in einem Streitgespräch, in dem sie ihre Grenzen ausreizte und wir Eltern mit Angst und Machtspielen reagierten. Das Schönste an dieser ganzen Situation war, dass sie bereits um zehn Uhr zu Hause war, weil es zu laut war. Sie fühlte sich frei, ihre eigenen Entscheidungen zu treffen, um ihre Bedürfnisse zu befriedigen, und musste mir nichts durch einen Aufstand beweisen.

In einem anderen Beispiel geht es um unseren neunzehnjährigen Sohn. Er wollte allein in ein Skigebiet fahren, um dort mit einem anderen jungen Mann, den wir kannten, zu snowboarden. Bei seiner Abfahrt versuchte ich ihm ein Versprechen abzuringen, mich von unterwegs und sofort nach seiner Ankunft anzurufen. Er sträubte sich und ich erhöhte den Einsatz: „Nein", sagte ich, „du rufst mich jeden Tag oder noch besser ständig und zu jeder Zeit an!" Mich überkam mein Bedürfnis nach Beruhigung und Verbindung und er spürte nur sein Bedürfnis nach Abenteuer und Unabhängigkeit. Seine Antwort ist berühmt in den Annalen der Eltern-Teenager-Beziehungen: „Du vertraust mir nicht!"

Gott sei Dank ging Ike dazwischen und ließ uns seine GFK-Fähigkeiten angedeihen. Er half unserem Sohn und mir, unsere Bedürfnisse zu verstehen. Als mein Sohn verstand, dass ich mir „ganz viele Anrufe" wünschte, um mein Bedürfnis nach Sicherheit und Beruhigung zu befriedigen, konnte er sich entspannen, weil es dabei *nur um mich ging und keine Kritik an ihm beinhaltete*. Er verstand auch, dass es nicht darum ging, ob ich ihm vertraute oder nicht. Und als er mir dann auch noch sagte, dass er mich verstand, konnte ich mich meinerseits entspannen und seine Bedürfnisse nach Autonomie und Abenteuer verstehen.

Als wir uns schließlich gegenseitig verstanden, konnten wir uns auf eine Anruf-Strategie einigen, die unser beider Bedürfnisse befriedigte. Ironischerweise habe ich ihn dann am dritten Tag seiner Fahrt gebeten, mich nicht so oft anzurufen, denn ich war glücklich mit unserer Verbindung. In den wenigen Minuten, in denen wir durch GFK Klarheit über unsere Bedürfnisse erlangten, hatte jeder von uns erst sich selbst Aufmerksamkeit geschenkt, um herauszufinden, was gerade in ihm lebendig war, dann, was jeder wirklich brauchte, und so konnten wir unsere gegenseitigen Erwartungen (Strategien) loslassen, um uns für ein Ergebnis zu öffnen.

Die Situation löste sich mit einer Verbindung zueinander und der Erfüllung aller Bedürfnisse. Es war eine gute Lehre für mich. Erneut konnte ich feststellen, dass es diese Machtteilung mit meinen Kindern war, die ich mir in unserer Beziehung wünschte, und nicht die Machtausübung über sie.

Gewaltsamkeit als Schutz

In der GFK wird genauso wie in Yoga-Philosophie und im Buddhismus großer Wert auf Gewaltlosigkeit gelegt. GFK lehrt darüber hinaus den schützenden Einsatz von Gewaltsamkeit. Gewaltsamkeit als Schutz bedeutet, nur so viel Gewaltsamkeit einzusetzen, um von sich selbst oder anderen Schaden abzuwenden. Diese Gewaltsamkeit wird mit Mitgefühl und nicht aus Ärger angewandt und nie zur Bestrafung eingesetzt.

Manchmal muss man Gewaltsamkeit einsetzen, um Leben zu schützen oder zu retten. Wenn mein dreijähriges Kind auf der Straße steht, würde ich mit ihm nicht vor einem heranrasenden Laster eine GFK-Unterhaltung führen, sondern es gewaltsam packen und in Sicherheit bringen. Der Einsatz von GFK heißt nicht, dass wir unseren elterlichen Beschützerinstinkt oder unsere Verantwortung aufgeben. Er hilft uns nur bei der Erkenntnis, dass die meisten Entscheidungen, die wir über unsere Kinder treffen, nicht aus lebensbedrohenden Situationen heraus geschehen und dass Wertschätzung und Gegenseitigkeit die Beziehung tiefer und befriedigender machen.

Aus Indien kennen wir eine Geschichte, die das Konzept der Gewaltsamkeit als Schutz sehr schön zum Ausdruck bringt.

Ein Sadhu machte seinen jährlichen Rundgang durch die Dörfer Indiens. In einem Dorf hatte er gerade über *Ahimsa* (Gewaltfreiheit) gesprochen, als ihm eine große, aggressive Schlange begegnete. Die Schlange hatte bereits das ganze Dorf in Angst und Schrecken versetzt, aber sie hörte den Lehren des Sadhu über Gewaltfreiheit aufmerksam zu.

Ein Jahr später kam der Sadhu auf seiner Wanderung wieder in dieses Dorf und fand die Schlange in den Büschen versteckt. Sie war dünn geworden, sah geschlagen aus und war voller blauer Flecke. Als er sie fragte, was passiert sei, antwortete die Schlange, dass sie sich seine Lehren über Gewaltfreiheit zu Herzen genommen und nie wieder jemanden bedroht hätte. Die Kinder lernten schnell, dass die Schlange keine Bedrohung mehr war, und verspotteten sie und bewarfen sie mit Steinen. Die Schlange fand kein Futter mehr und war dem Tode nah.

Der Sadhu antwortete: „Ja, ich habe Gewaltfreiheit gelehrt, aber ich habe dir nicht gesagt, du dürftest nicht mehr zischen." Gewaltsamkeit als Schutz für unsere Kinder oder andere anzuwenden bedeutet zu zischen, wenn es nötig ist.

Selbstständigkeit Selbstständigkeit Selbstständigkeit

Einer der Gründe, weswegen Macht über andere uns nicht gibt, was wir wollen, ist die Tatsache, dass sie die fundamentale Voraussetzung für eine gute Beziehung weder anerkennt noch respektiert, und das ist Respekt vor der Selbstständigkeit des anderen. Man könnte ein Kind oder einen Teenager oder einen jungen Erwachsenen so definieren: „Ein Mensch, der möchte, dass man seine Selbstständigkeit respektiert." Je enger Ihre Beziehung zu einem von ihnen ist, desto verzweifelter wünscht er sich von Ihnen, dass Sie seine Selbstständigkeit respektieren.

In der Kind-Eltern-Beziehung wird das erste Anzeichen der Rebellion oft „die schrecklichen Zweier" genannt. Wir hatten nie verstanden, was so schlimm am Entwicklungsstadium eines Zweijährigen sein sollte, bis wir es mit unserem ersten Kind erlebten. Für ihn war es gar nicht so schrecklich, aber für uns! Es ist das Alter des Neinsagens. Bei jeder Gelegenheit machte er uns über mehrere Monate den ganzen Tag lang klar, dass wir seine Selbstständigkeit zu respektieren hatten. Er wollte selbst entscheiden, wann er sich in den Autositz setzte und wann er wieder herauskam. Er wollte selbst entscheiden, ob er in die Badewanne ging, und wenn er drin war, wann er wieder herauskommen wollte. Er wollte entscheiden, wann er schlafen ging. Kinderexperten sagen, dass dies ein normales Entwicklungsstadium ist, aber das hilft auch nicht weiter. Ich weiß nicht, was unangenehmer ist: den ganzen Tag NEIN zu hören oder sich von der Illusion verabschieden zu müssen, dass wir als Eltern die Macht haben.

Ein faszinierendes Beispiel für gegenseitige Machtausübung zwischen Eltern und Kindern wird in dem Film *Tage wie dieser* (Originaltitel: *One Fine Day*) gezeigt. In einer Szene geht es um den Vater (George Clooney) und seine etwa acht Jahre alte Tochter. Sie hockt unter dem Tisch und presst sich ein kleines Kätzchen an die Brust, das sie unbedingt behalten will; ihr Vater hockt neben ihr und will unbedingt, dass sie mit ihm kommt, da er einen vollen Zeitplan hat. Er versucht seine Macht auszuüben, versucht es mit Bestechung, aber nichts funktioniert, bis er schließlich anfängt zuzuhören, welche Bedürfnisse sie hat. Als sie sich verstanden fühlt und ihre Bedürfnisse dadurch befriedigt werden können, geht sie freiwillig mit. Die beiden haben zwar nicht die formale GFK-Sprache benutzt, wohl aber umgangssprachlich GFK und den Geist der Gegenseitigkeit angewendet.

Was wir von unseren Eltern wollen

Was wir uns am meisten von unseren Eltern wünschen, ist ihre bedingungslose Liebe, aber dicht darauf folgt der Wunsch, dass sie unsere Selbstständigkeit anerkennen und respektieren. Und dies scheint ein lebenslanger Wunsch zu sein, den die Kinder auch noch als Erwachsene haben.

Wenn wir heranwachsen, haben wir vielleicht das Bedürfnis, Respekt für unsere Selbstständigkeit einzufordern, und wir entscheiden uns vielleicht für eine von mehreren Strategien, um diesen Respekt zu bekommen. Eine Strategie ist der Aufstand. Dies ist eine einfache und universale Strategie: „Ich will A, meine Eltern wollen B, also mache ich A, auch wenn ich einsehe, dass B besser wäre, aber niemand soll mir vorschreiben, was ich tue." Dieses Szenario spielt sich täglich in vielen Familien ab. Manchmal wird der Aufstand offen ausgetragen und manchmal wird er insgeheim ausgeübt, in jedem Fall ist der Krieg erklärt.

Eine andere Strategie ist, aufzugeben und die Autorität unseren Eltern zu überlassen, was aber sehr viel kochende Wut und heimliche Rebellion erzeugen kann. Dies passiert oft in Familien, in denen der Aufstand für das Kind ein Sicherheitsrisiko bedeuten kann, wie zum Beispiel bei Alkoholismus oder Missbrauch.

Die meisten von uns stolpern ohne eine klare Vorstellung von Gegenseitigkeit und geteilter Macht ins Erwachsenenalter. Wir können Firmen gründen, Mitarbeiter einstellen und kündigen, Häuser kaufen und verkaufen, Bücher schreiben und selbst Eltern werden, aber unsere eigenen Eltern lösen in uns immer noch das Bedürfnis aus, unsere Selbstständigkeit zu verteidigen und Respekt einzufordern.

Wenn Sie mit Ihren Eltern oder Großeltern in dieser Situation sind, würde GFK Ihnen vorschlagen, dass Sie sich selbst erst einmal stille Empathie geben für die Traurigkeit oder die Wut, die in Ihnen aufkommen, wenn Ihre Eltern sich auf eine Weise verhalten, die Ihre Selbstständigkeit nicht respektiert. Vielleicht müssen Sie sich in der Gegenwart Ihrer Eltern häufiger Selbst-Empathie geben.

Sie können auch mit Freunden vereinbaren, dass Sie von ihnen laut ausgesprochene Empathie bekommen, bevor Sie Ihre Eltern besuchen oder mit ihnen sprechen. Wenn Sie irgendwann mal genug davon bekommen haben, wird in Ihnen natürliche Neugier darüber erwachen, was wohl in Ihren Eltern lebendig ist, und Sie können anfangen, ihnen Empathie zu geben. Wenn Sie Mitgefühl mit ihnen haben, gibt es nichts mehr zu vergeben und alte Verletzungen und Ängste verlieren an Bedeutung.

Eine letzte Annäherung, um mit Ihren Eltern eine Verbindung zu schaffen und zu erhalten, wäre, dass Sie ihnen Ihre Bedürfnisse mitteilen und um bestimmte Dinge bitten. Sie könnten sagen, dass sie die Kommunikation mit ihnen verbessern wollen, und dann ihre Gefühle und Bedürfnisse in einer bestimmten Streitfrage vermuten. Seien Sie bereit, es immer und immer wieder zu versuchen, und hören Sie niemals auf, sich selbst Empathie zu geben.

Warum Anerkennung wehtut

Als Eltern benutzen wir manchmal Anerkennung und Lob, um unsere Kinder zu belohnen und zu manipulieren. Diese Strategie, unsere Bedürfnisse zu befriedigen, mag liebevoll erscheinen, kann aber Probleme zur Folge haben. Wenn wir Anerkennung, Komplimente oder Lob aussprechen, sagen wir dem anderen in bewertender Sprache, dass wir ihn oder das, was er getan hat, mögen. Das bedeutet: Wir urteilen, selbst wenn diese Urteile als „positiv" angesehen werden.

Das Problem dabei ist, dass in dem Lob auch das unausgesprochene Urteil steckt, dass es auch hätte schlechter sein können. Wenn Sie schön aussehen, könnten Sie auch hässlich aussehen. Wenn ich das Kontinuum „schön" im Kopf habe, dann steht am anderen Ende dieses Kontinuums „hässlich". Lob und Komplimente stecken Ihr Kind und jeden anderen Menschen in eine Schublade mit der Aufschrift, wer sie sind. Und das ist eine Begrenzung. Erinnern Sie sich an die Zeit, als es Ihnen unangenehm war, wenn Ihnen jemand ein Kompliment gemacht hat? Das lag wahrscheinlich daran, dass das Kompliment – so positiv es auch gewesen sein mag – auch die Möglichkeit des Gegenteils beinhaltete.

Komplimente und Lob sind äußerliche Belohnungen. In seinem Buch *Punished by Rewards* (‚Durch Belohnungen bestraft‘) führt der Autor Alfie Kohn mehrere Studien an, die zeigen, dass Lob und Belohnungen nicht nur nicht zum gewünschten Ergebnis führen, sondern sogar dafür sorgen, dass das gewünschte Verhalten eingestellt wird. Die Langzeitwirkung des Versuchs, Ihr Kind oder andere mit Lob und Komplimenten zu manipulieren, ist kontraproduktiv.

Statt Ihren Kindern Lob und Komplimente anzubieten, versuchen Sie es lieber mit Wertschätzung. Bei der GFK heißt das, mit den anderen zu teilen, was sie tatsächlich gesagt oder getan haben, um Ihre Bedürfnisse zu befriedigen. Also statt zu sagen: „Du bist ein guter Junge, weil du das Geschirr gespült hast", sollten Sie sagen: „Als ich nach Hause kam und die saubere Küche gesehen habe, waren meine Bedürfnisse nach Hilfe und Unterstützung voll erfüllt. Ich danke dir."

Wenn wir Wertschätzung bieten, dann vermeiden wir es nicht nur, andere zu beurteilen, sondern wir machen auch deutlich, was zu unserem Glück und Wohlbefinden beitragen kann. Wenn wir GFK-Wertschätzung anwenden, machen wir das Geschenk, einem anderen zu zeigen, wie sehr seine Handlungen zu unserem Wohlbefinden beigetragen haben. Marshall Rosenberg nennt das „das beste Spiel in der Stadt". Wir fühlen uns wohler, wenn wir wertschätzen statt zu belohnen, und es hat den zusätzlichen Vorteil, dass wir mit uns selbst, dem anderen und der Gegenwart verbunden sind. Das ist spirituelle Sprache im täglichen Leben.

Übungen zur Anwendung Gewaltfreier Kommunikation

Die Bedeutung von Machtausübung lernen

⋯⋗ Achten Sie in den nächsten Tagen auf die Sprache, die Sie im Fernsehen oder im Radio hören, und darauf, wie oft die Leute dort Worte benutzen, mit denen sie ihre Macht über andere zum Ausdruck bringen.

⋯⋗ Achten Sie darauf, wenn Sie das nächste Mal selbst Worte benutzen, die Macht über andere zum Ausdruck bringen. Wenn möglich, verbringen Sie einige Zeit allein, um sich damit zu verbinden, wie machtlos Sie sich in dem Moment bei diesen Worten gefühlt haben.

Wertschätzung anbieten

⋯⋗ Versprechen Sie sich, eine Woche lang jedem in Ihrer Familie einmal täglich Ihre Wertschätzung auszusprechen.

⋯⋗ Sollten Sie sich bei der nächsten telefonischen oder persönlichen Unterhaltung mit Ihren Eltern aufregen, geben Sie sich selbst Empathie.

8. Sprache am Arbeitsplatz

Konzentrieren Sie sich auf das, was Sie wollen,
nicht auf das, was sie fürchten.

– IKE LASATER

Für viele Menschen ist der Arbeitsplatz eine von ihrem „wirklichen" Leben getrennte Welt und sie nehmen dort eine andere Rolle an, um nach anderen Spielregeln zu leben. Ich (Ike) höre manche Menschen oft sagen, dass sie sich unsicher fühlen, wenn sie sich am Arbeitsplatz frei ausdrücken und zeigen, wer sie wirklich sind. Sie werden zurückhaltend und verschlossen. Egal ob der Arbeitsplatz ein Büro, eine Feuerwache, ein Krankenhaus, eine Arztpraxis, eine Polizeistation, ein Kaufhaus oder jeder andere erdenkliche Bereich ist, die Menschen fühlen sich verletzbar, wenn sie sich offen zeigen. Sie fürchten, sie könnten ihr Ansehen oder den Respekt der Kollegen verlieren. Viele von uns können sich kaum vorstellen, am Arbeitsplatz die Rechte Sprache oder bestimmte Praktiken wie GFK anzuwenden; diese Befürchtungen bauen Hindernisse auf, genauso wie die Tatsache, dass die Menschen daran gewöhnt sind, auf bestimmte Weise miteinander zu kommunizieren.

Als ich anfing, GFK zu lernen, war mein Arbeitsplatz ein Anwaltsbüro und der Gerichtssaal. Im Gerichtssaal hatte ich gelernt, bestimmte Regeln einzuhalten, und ich nahm an, dass eine neue Art der Kommunikation nicht nur Stirnrunzeln hervorrufen würde, sondern negative Konsequenzen für mich und meine Klienten haben könnte. Ich erinnere mich an eine bestimmte Situation, in der ich genau vor diesem Dilemma stand.

Ich vertrat eine Klage vor dem Bundesgericht, bei der es um eine Giftmülldeponie ging, und ich hatte eine Zeugin der Regierung, eine hoch qualifizierte Chemikerin, im Kreuzverhör. Sie hatte noch nie vor Gericht aussagen müssen und da ich ihre eidesstattliche Aussage aufgenommen hatte, wusste ich, was sie sagen würde. Ich wollte einige Teile daraus hervorheben, um sicherzustellen, dass sie in die Aufzeichnungen des Gerichts aufgenommen wurden. Also stellte ich ihr Fragen, deren Antworten ich kannte, aber sie musste sie vor Gericht mündlich vorbringen. Ich stellte

Fragen, die für meinen Klienten eher vorteilhaft waren, während ihre Hauptaussage zugunsten der Regierung war.

Es wurde ein äußerst schwieriger Prozess, weil sie die Antworten auf meine Fragen wieder abschwächte, indem sie ihre bereits geäußerte Meinung dazu wiederholte. Die Verhandlung nahm ungewöhnlich viel Zeit in Anspruch und wir lagen hinter dem Zeitplan zurück. In meiner Frustration wandte ich alle Kreuzverhörtechniken an, die ich gelernt hatte, um diese Frau unter Kontrolle zu bringen und sie an ihren langen, wiederholten Erklärungen zu hindern.

Nicht nur, dass keine dieser Techniken den gewünschten Erfolg hatte, sie fing auch noch an, mich als „sexistisches Schwein" zu sehen, das versuchte, sie unter Kontrolle zu bringen. (So äußerte sie sich in einer Pause gegenüber meiner weiblichen Referendarin.) Da ich noch keine Erfahrung mit GFK gemacht hatte, kam ich auch nicht auf die Idee, einen anderen Weg der Kommunikation mit ihr einzuschlagen.

Das Kreuzverhör wurde auf den nächsten Tag verlegt und ich befürchtete, dass, wenn es so weiterging, der Richter diese Zeugenaussage abbrechen und ich nicht den vollen gewünschten Erfolg haben würde. Ich grübelte noch über diese missliche Situation, als eine kleine Stimme in meinem Kopf sagte: „Du könntest ja mal GFK ausprobieren." Sofort kam in mir die Antwort: „Neiiiin, nicht in dieser Situation!" Dennoch fing ich an darüber nachzudenken, wie ich diese Sprache in diese gespreizte, formelle Umgebung einbringen sollte: Ich, am Rednerpult, sechs Meter entfernt von der Zeugin in ihrer Zeugenbank und hinter mir ein Haufen Anwälte der Regierung, die nur allzu bereit waren, gegen meine Sprache Einspruch einzulegen, wenn ich von dem abwich, was üblich war.

Als die Zeugin am nächsten Tag wieder mit ihren langen Erklärungen anfing, unterbrach ich sie: „Entschuldigen Sie mich bitte." Als sie still war und ich ihre ganze Aufmerksamkeit hatte, fuhr ich fort: „Ich mache mir Sorgen, dass Ihre Zeugenaussage die gesamte verbleibende Zeit in Anspruch nimmt, und frage mich, ob Sie wohl bereit wären, erst einmal nur meine Fragen zu beantworten und Ihre Erklärungen auf später zu verschieben. Ich verspreche Ihnen, dass Sie Zeit bekommen werden, noch vor Abschluss der Zeugenaussagen mit dem Regierungsrat zu sprechen und alle weiteren Dinge zu erklären. Wären Sie jetzt erst einmal bereit, nur meine Fragen zu beantworten?"

Ich gebe zu, während ich diese Frage stellte, war meine Pulsfrequenz in die Höhe geschossen und das Herz schlug mir bis zum Hals. Ich hatte panische Angst, jemand könne Einspruch erheben und mit den Worten aufspringen: „Sie können nicht in einem Gerichtssaal GFK anwenden!" Aber niemand rührte sich. Nach einem kurzen Blick auf die Regierungsvertreter war sie mit meinem Vorschlag einverstanden. Ich musste sie zwar noch einige Male an unsere Vereinbarung erinnern, aber sie korrigierte sich jedes Mal schnell wieder. Das Kreuzverhör endete schneller als befürchtet und ich hatte die von mir gewünschte Zeugenaussage in den Gerichtsaufzeichnungen.

Ich erzähle diese Erfahrung in der Hoffnung, Sie zu ermutigen, GFK am Arbeitsplatz anzuwenden, und dass Sie versichert sein können, dass viele Menschen ähnliche Bedenken hatten und sie dennoch überwinden konnten. Wenn Sie GFK am Arbeitsplatz anwenden wollen, stellen Sie zuerst sicher, dass Ihr Bedürfnis nach Empathie befriedigt wird, indem Sie die Bedürfnisse nennen, die Ihrer Meinung nach unbefriedigt bleiben, wenn Sie GFK einsetzen. Sie können auch anfangen, GFK einzubauen, ohne dass es offensichtlich ist, dass Sie etwas Neues versuchen. Sie können zum Beispiel Ihre Fähigkeiten still anwenden und sie außerhalb des Arbeitsplatzes anwenden, indem Sie dazu Szenarien benutzen, die Sie während des Tages erlebt haben.

Selbst-Empathie und stille Empathie sind beides Übungen, die man machen kann, ohne dass irgendjemand davon erfährt. Mit Selbst-Empathie sind Sie mit Ihren eigenen Bedürfnissen verbunden, seien sie befriedigt oder unbefriedigt, und in stiller Empathie stellen Sie Vermutungen über die Bedürfnisse anderer Menschen an. Sie können diese Übungen sofort in dem Augenblick machen, in dem die Dinge sich entfalten, oder aber später, wenn Sie vielleicht eine bessere Gelegenheit haben, darüber nachzudenken. Sie werden wahrscheinlich merken, dass Ihre Kommunikation sich nach diesen Übungen ändert.

Wenn Sie Freunde haben, mit denen Sie vertrauensvoll außerhalb des Arbeitsplatzes üben können, können Sie in Rollenspielen Szenen nachstellen und üben, die mit Ihrer Arbeit zu tun haben. Stellen Sie mit Ihrem Rollenspielpartner eine Szene nach, die für Sie nicht zufriedenstellend verlaufen ist, und üben Sie, wie Sie lieber hätten reagieren wollen. So können Sie mehrere Möglichkeiten ausprobieren, dabei sicherer und schlagfertiger werden und spontan Selbst-Empathie und stille Empathie üben.

Stille Übungen und Rollenspiele können zwar Ihre Fähigkeiten steigern und Ihnen den Einstieg in GFK erleichtern; Sie können aber auch einfach anfangen, GFK anzuwenden. Julie Greene, eine GFK-Lehrerin, erzählte mir, dass sie irgendwann einfach ins kalte Wasser gesprungen ist und GFK in all ihren Interaktionen angewendet hat. Ihr war klar, dass sie eine Menge Unordnung anrichten konnte, sie wollte dies aber zum Anlass nehmen, weiter zu üben. Ich nehme an, dass sie glaubte, der bisherige Kommunikationsstil sei den Leuten so vertraut, dass diese eine Änderung als ungewöhnlich registrieren und alte Verbindungen abbrechen würden, sodass sie dann ihre neu erworbenen Fähigkeiten einsetzen wollte, um die Verbindungen wiederherzustellen. Ich fand ihr Bild, ins kalte Wasser zu springen und den so angerichteten Schlamassel als Übungsfeld zu benutzen, sehr kraftvoll. Von dem Tag an gab es in meiner Art zu kommunizieren keinen Unterschied mehr zwischen

Arbeitsplatz und Privatleben und ich machte aus der Arbeit einen Ort, an dem ich mein Yoga ohne Übungsmatte praktizierte.

Egal wie und wann Sie anfangen, die Rechte Sprache am Arbeitsplatz anzuwenden, Sie sollten einige Wege kennen, wie diese Erfahrung möglichst zufriedenstellend ausfällt. Sich der Tatsache bewusst zu sein, dass Sie ständig nach dem Wunsch anderer arbeiten, ist einer dieser Wege.

Bitten bei der Arbeit

Normalerweise haben wir alle nicht gelernt, wie wir unsere Bitten vorbringen sollen. Manchmal sage ich in einem Workshop scherzhaft, wenn wir um etwas bitten, bekommen wir es sehr wahrscheinlich auch. Diese Feststellung ist nicht neu, aber oft fühlen sich die Menschen nicht sicher genug, auch am Arbeitsplatz Bitten vorzubringen. Sie beschneiden sich selbst, da sie befürchten, dass sie durch Preisgabe ihrer Wünsche Macht abgeben, die dann gegen sie benutzt werden kann. Ich möchte zwar, dass die Menschen sich sicher fühlen, auch wenn sie wegen ihrer unbefriedigten Bedürfnisse ärgerlich und aufgebracht sind, dennoch sollten sie wissen, dass sie sich in einem völlig sinnlosen Kreislauf bewegen, bis sie um das bitten, was sie möchten.

Nochmals: Mit jemandem außerhalb des Arbeitsplatzes zu üben kann eine große Hilfe sein. In der Übung mit diesem Partner können Sie das in einer bestimmten Situation nicht befriedigte Bedürfnis klar herausarbeiten. Wenn Sie es erst einmal benennen können und die psychologische Veränderung in Ihrem Köper fühlen, die Ihnen sagt, dass Sie sich mit dem Bedürfnis verbunden haben, können Sie eine klare Strategie entwickeln, mit welcher Bitte Ihr Bedürfnis befriedigt wird. Sie können diese Bitte auch in einem Rollenspiel vorbringen und von Ihrem Übungspartner die befürchtete Antwort geben lassen. Dann können Sie sich selbst Empathie geben und üben, wie Sie die gewünschte Antwort bekommen können.

Wenn Sie mehr Erfahrung im Äußern von Bitten haben, werden Sie wahrscheinlich feststellen, dass die anderen an Ihrem Arbeitsplatz auch keine Bitten äußern. Sie können sie dann an Ihren Erfahrungen teilhaben lassen, um ihnen zu helfen, klare, erfüllbare Bitten vorzutragen. In einem Meeting können Sie zum Beispiel jemanden zwar eine Weile reden lassen, sollten ihn dann aber unterbrechen und sagen: „Entschuldige bitte, Jeremy, würdest du mir bitte sagen, was genau ich mit deinen Ausführungen tun soll? Es wäre mir eine große Hilfe, deine Informationen umzusetzen, wenn ich wüsste, was genau du von mir willst." Auf diese Art und Weise helfen Sie dem Sprecher, seine Bitte klar zu äußern.

Eine andere Möglichkeit könnte sein, dass Sie vermuten, was der andere will: „Jeremy, erzählst du uns das alles, weil du unsere Zustimmung für eine Strategie in dieser Situation haben möchtest?" Ihre Vermutung mag falsch sein, aber auch so können Sie den anderen dazu bringen, dass er deutlicher sagt, was er wirklich will. Anderen zu helfen, diese Klarheit zu gewinnen, ist für alle von Vorteil.

In unserem Leben bitten wir normalerweise oft direkt um etwas, meist von vertrauten Personen, unserem Lebenspartner oder unseren Kindern, aber am Arbeitsplatz befinden wir uns oft in einer Gruppensituation. Wenn Sie in einem Meeting oder zu

Ihrem Arbeitsteam sprechen, ist es wichtig, dass Sie sich klar darüber äußern, welche Bitte Sie haben und wer sie wie erfüllen soll. Manche Meetings verursachen nur Verwirrungen, weil weder die Bitten eindeutig vorgetragen werden noch die Personen bestimmt werden, die sie ausführen sollen. Wenn wir eine Bitte äußern, möchten wir doch eine Übereinkunft, und die kann es ohne andere nicht geben.

Gruppen stellen oftmals nur aus lauter Frustration über das Geschehen Forderungen. Ich bin sicher, wir waren alle schon in Situationen, in denen wir verärgert waren, entweder über das, was uns geboten wurde, oder über das, was jemand aus seiner eigenen Wut tat. Spricht man aus Ärger, dann neigen die Zuhörer dazu, das Geschehen zu analysieren und andere davon abzuhalten, das Geforderte zu tun. Eine Reaktion während einer Diskussion könnte beispielsweise sein: „Das ist doch alles nur Gerede. Lassen Sie uns doch zum Geschäft kommen!" Solche Vorgänge konnte ich immer wieder beobachten und habe gemerkt, dass diese Ausdrücke das Ergebnis von Frustration und nicht von einer Verbindung mit Bedürfnissen sind. Darum bewirken sie das genaue Gegenteil dessen, was diese Person als Wunsch äußert. Der Ausdruck von Frustration veranlasst andere nur, von ihrer eigenen Verärgerung zu sprechen, und das verlangsamt erneut den gewünschten Erfolg. Was ist also die Alternative?

Einmal habe ich eine Konferenz besucht, an der in einem Plenarsaal etwa fünfundvierzig Leute teilnahmen. Der Moderator stellte dem Auditorium eine Frage, die ihm helfen sollte, die Situation besser zu verstehen. Die Zuhörer fingen an, ihre Meinungen zu äußern, und bald entwickelte sich zwischen einigen Teilnehmern, allesamt Vorstandsmitglieder dieser Konferenzgemeinschaft, ein Streitgespräch. So ging es etwa fünfzehn Minuten weiter und die Leute beharrten immer fester auf ihren Standpunkten.

Ich fühlte mich schon nach wenigen Minuten unwohl. Mir gefiel gar nicht, was sich da abspielte, und ich gab mir erst einmal Selbst-Empathie. Ich versuchte eine beobachtende Sprache zu finden für das, was die Leute sagten oder taten und was sich auf meine Stimmung auswirkte (nicht die im Schnellverfahren gefällten Urteile wie „Das stimmt so nicht, Sie verfehlen das Thema, Sie vergeuden unsere Zeit", die ich anfangs gefällt hatte). Dann fragte ich mich, welche meiner Bedürfnisse von den Vorgängen nicht befriedigt wurden. Das half mir sehr, denn so erschuf ich in mir eine Art Offenheit, einen Raum, der sich außerhalb aller Urteile befand. Dann suchte ich Strategien: Was könnte ich tun, um in dieser Situation nicht nur meine Bedürfnisse zu befriedigen, sondern auch den anderen Leuten in diesem Raum zu helfen? Ich hätte auch einfach gehen können, aber ich hatte andere Bedürfnisse, die ich damit nicht befriedigt hätte.

Also stand ich auf und unterbrach die Streitenden: „Entschuldigen Sie bitte, mir geht es gar nicht gut mit dem, was sich hier abspielt." Meine Worte lösten hier und da Gelächter aus, was ich auf das Unbehagen schob, das ich erzeugt hatte, indem ich in diesem Zusammenhang von Gefühlen gesprochen hatte. Ich fuhr fort: „Ich würde gerne verstehen, was hier vor sich geht und ob diese Wortwechsel die Frage des Moderators beantworten. Meine Bitte an Sie ist, lieber Herr Moderator, würden Sie uns bitte sagen, ob all die Äußerungen auf Ihre Frage Ihnen in irgendeiner Weise weitergeholfen haben?" Der Moderator war wie vom Donner gerührt. Nach einer Pause von etwa dreißig Sekunden sah er jemanden an, der seitlich abseits saß, und sagte: „Niemand hat bisher meine Frage beantwortet, außer der Person, die hier drüben sitzt." Der Kommentar, auf den er sich bezog, war schon sehr bald nach seiner Fragestellung geäußert worden und betraf überhaupt nicht das Thema der hitzigen Diskussion. Der ganze Raum schien sich jetzt zu wandeln. Die Streiterei hörte auf und die Unterhaltung befasste sich mit dem, was der Moderator für informativ hielt. Die daraufhin folgende Diskussion gefiel mir, weil sie uns alle weiterbrachte.

Die Themenverschiebung fand nicht aufgrund meiner Position in dieser Gesellschaft statt; ich war damals nur eines der jüngeren Mitglieder. Ich glaube, sie wurde durch meine Anwendung von GFK möglich. Ich konnte aus meinen Urteilen austreten, mir über meine Gefühle klar werden und eine Bitte vortragen, die dafür sorgte, dass geschah, was ich wollte. In dieser Situation durchschnitt meine Bitte den Energieeinsatz der Teilnehmer in ihren Standpunkt und in die Beurteilung der anderen und half ihnen, zum Ausgangspunkt zurückzukehren – der Frage des Moderators.

Solch eine Schlüsselfrage kann nur entstehen, wenn wir uns von unserer Beurteilung und Einschätzung der Lage lösen und mit unseren Bedürfnissen verbinden. Selbst-Empathie und danach stille Empathie, um sich mit den Bedürfnissen der anderen zu verbinden, die sie glauben mit ihren Aktionen in der Gruppe befriedigen zu können, kann uns helfen klarer zu erkennen, was wir sagen oder tun könnten, um die Bedürfnisse alle zu befriedigen. Lassen wir diese Übungen weg, dann stellen wir jede unserer Fragen sehr wahrscheinlich aus unserer Frustration heraus und es würde so oder ähnlich klingen: „Würden Sie bitte alle still sein und zum nächsten Thema übergehen!" Wenn wir nicht mit uns selbst verbunden sind, erschaffen wir mit unseren Handlungen oft genau das, was wir nicht wollen.

Wir neigen dazu zu denken, dass wir immer etwas im Außen tun müssen, um unseren Beitrag zu leisten, aber für mich ist es heute sehr viel wirkungsvoller, im Außen gar nichts zu tun, während ich mich in meinem Inneren ständig mit meinen Bedürfnissen und denen der anderen verbinde. Selbst wenn Sie in einer Gruppensituation sind, in der Sie nicht gern etwas sagen wollen, leisten Sie einen echten Beitrag, wenn Sie nur Selbst-Empathie und stille Empathie üben. Sie verändern mit diesen Übungen die Dynamik des Meetings, auch wenn Sie den Mund nicht aufmachen.

Wenn Sie anfangen, sich mit GFK zu beschäftigen, kann es hilfreich sein, einen No-tizblock in der Tasche zu haben, um Ihre Selbst-Empathie aufschreiben zu können. Schreiben Sie Ihre Beobachtungen auf – „Joe redet schon drei Minuten über dieses Thema" –, werden Sie sich klar über Ihr Gefühl und Ihr Bedürfnis und schreiben Sie auch dies auf. Dann überlegen Sie sich, ob Sie eine Bitte haben, die Ihnen und noch jemandem aus der Gruppe weiterhelfen könnte, und schreiben auch die auf. Das bringt Ihnen Klarheit, ob Sie in der Gruppe etwas sagen wollen oder nicht. Diese Vorgänge aufzuschreiben, statt sie nur im Kopf zu haben, kann Ihnen helfen, sich besser zu konzentrieren, auch wenn Sie nicht alle vier Komponenten zusam-mentragen können. In jedem Fall hilft es Ihnen, die sich ständig wiederholenden selben alten Gedanken voller Ärger und Sorgen loszulassen. Diese Praxis verändert unser Sein, und was immer wir tun wollen, kommt aus einer anderen Energie he-raus, einer, die uns sehr wahrscheinlich der Rechten Sprache näherbringt.

Wenn wir Selbst-Empathie üben und innerliche Klärung einer Bitte vornehmen, bevor wir sie äußern, ist einer der ersten Vorteile, dass wir weniger Wörter benutzen. Interessanterweise ist „Effizienz" eins der Schlagwörter am Arbeitsplatz, obwohl das Konzept oft nicht an unsere Kommunikation mit anderen weitergegeben wird. Ich höre häufig die Beschwerden der Mitarbeiter über endlose Meetings, viel zu viele E-Mails mit viel zu viel Text und belanglose oder überflüssige Memos oder Mail-boxnachrichten. Wir haben größtenteils nicht gelernt, mit unseren Worten ökono-misch umzugehen. Wenn man GFK als Vorlage benutzt, Rechte Sprache zu üben, hat das die vorteilhafte Nebenwirkung, unsere Kommunikation effizienter zu ge-stalten. Wenn wir die wichtigsten Informationen auf eine Weise vermitteln, die uns mit anderen verbindet, kommen wir mit viel weniger Worten aus.

Einige Menschen scheinen erst beim Reden herausfinden zu wollen, was sie sagen wollen, statt sich zunächst darüber klar zu werden und es dann zu sagen. Manch-mal finden Sie sich bei der Arbeit in einer Situation, in der jemand so viele Worte benutzt, dass es Ihnen keine Freude mehr macht, ihm zuzuhören. Dem Sprecher mag es sogar genauso gehen. Auch ich habe noch immer dann die Angewohnheit, mehr zu sagen, als ich eigentlich will, wenn ich den Eindruck habe, dass jemand gerade meinen Ausführungen nicht folgen kann. Damit habe ich meist genau das Gegenteil von dem bewirkt, was ich eigentlich wollte; der betroffene Zuhörer verlor noch mehr das Interesse und ich wurde immer frustrierter.

Sie können auf verschiedene Art und Weise sich selbst und anderen helfen Ihre Kommunikation wirksamer zu gestalten. Wenn, wie bereits erwähnt, jemand mehr sagt, als Sie bereit sind aufzunehmen, können Sie ihn mit einer Frage unterbrechen, die ihm vermittelt, was er eigentlich mit weniger Worten sagen will. Und wenn Sie etwas sagen wollen, sollten Sie bei den anderen überprüfen, ob diese hören wollen, was Sie zu sagen haben.

Wie oft warten wir in Meetings auf eine Lücke, um in sie hineinzuspringen, um endlich unseren eigenen Standpunkt loszuwerden? Manchmal warten wir noch nicht einmal auf diese Lücke und schneiden die letzten Worte des Sprechenden ab, um unsere Meinung einzubringen. Aber wenn ich die anderen unterbreche, nur um selbst zu meinem Thema gehört zu werden (statt den anderen zu helfen, zu ihrem Thema gehört zu werden), dann werden mir die anderen bestimmt nicht zuhören.

Ich kann meine eigenen Chancen nur erhöhen, wenn ich zuerst sicherstelle, dass die anderen sich gehört und verstanden fühlen. Dann beruhigt sich ihr Geist und sie öffnen sich für etwas anderes. Diese Offenheit wächst sogar noch, wenn ich mit ihnen prüfe, ob sie bereit sind, sich meine Sichtweise anzuhören. Darum sage ich in etwa: „Ich würde Ihnen gerne meine Sichtweise erläutern. Sind Sie bereit, sich diese jetzt anzuhören?" Wenn ich meine Bitte ernst meine und nicht fordernd werde (nach dem Motto: „Jetzt hören Sie mir mal zu. Schließlich habe ich Ihnen auch zugehört"), dann haben die anderen die Wahl, und wenn sie Ja sagen, steigert das die Wahrscheinlichkeit, dass sie mir so zuhören, wie ich es möchte. Ich nehme an, Sie werden mehr in der Gegenwart sein und ich kann mit wenigen Worten meinen Standpunkt vermitteln. Wenn ich dann noch überprüfen möchte, ob ich verstanden wurde, kann ich eine der Prozessfragen stellen, von denen wir bereits gesprochen haben.

E-Mails und das Telefon sind zwei weitere Kommunikationsmöglichkeiten, bei denen es an Effizienz mangelt. Viele Menschen finden täglich mehr E-Mails auf dem Bildschirm, als sie beantworten können, und viele sind so lang, dass es keine Freude mehr macht, sie zu lesen. Das Lesen und Schreiben von E-Mails ist ein weiterer Bereich, in dem man die Rechte Sprache anwenden kann. Beim Lesen einer E-Mail können Sie auf die vier Bestandteile der GFK achten, besonders auf die Bedürfnisse und Bitten. Wenn Sie zu einem Team gehören, in dem es Brauch ist, jeden und alles auf cc zu setzen, dann kann es hilfreich sein zu wissen, wann Sie einer Information mehr Aufmerksamkeit schenken müssen und wann Sie eine E-Mail ignorieren können, weil die Bitte für jemand anderen ist. Wenn Sie verärgert oder unzufrieden sind, verbinden Sie sich erst mit Ihren eigenen unbefriedigten Bedürfnissen, die normalerweise der Grund für jede Verärgerung sind. Dann vermuten Sie, um welche Bedürfnisbefriedigung der andere sich bemüht, indem er Ihnen die E-Mail geschrieben hat, um sich besser mit dem Geschriebenen zu verbinden.

Wenn die in der E-Mail geäußerte Bitte unklar ist, finde ich es hilfreich, die fehlende Klarheit beim Absender zu suchen. Wie bei einem Meeting hilft diese Klärung sowohl Ihnen als auch dem Absender. Sie verringert meine Angst, weil ich weiß, was der andere will, und dann habe ich die Freiheit zu sagen, ob ich seine Bitte erfüllen will oder nicht, und wenn nicht, kann ich die Bitte vielleicht so abändern, dass die Erfüllung uns beide zufriedenstellt.

Wenn ich GFK als Modell für die Anwendung der Rechten Sprache benutze, funktioniert das bei E-Mails genauso. Ich schreibe E-Mails, die streng strukturiert sind nach meinen Beobachtungen, meinen Gefühlen über die Situation, den Bedürfnissen, die ich hoffe mit der E-Mail befriedigen zu können, und einer klaren Bitte. Dann schreibe ich sie noch einmal in einer umgangssprachlicheren Form, ohne jedoch die Klarheit meiner Schritte aus meinem ersten Entwurf aufzugeben. Als ich mit dieser Technik anfing, bemerkte ich, dass ich ohne die erwähnte Strukturierung Gefahr lief, zahlreiche Urteile mit einfließen zu lassen sowie Bedürfnisse und Strategien in einer Weise zu verbinden, die zu unerwünschten Ergebnissen führte.

Die meisten Menschen haben bei ihrer Arbeit viele Telefonate zu führen, bei denen alle Regeln der gesprochenen Kommunikation anzuwenden sind. Aber da sind noch die gesprochenen Nachrichten, die man auf irgendwelchen Mailboxen hinterlassen muss. Ich gehe mit ihnen ähnlich wie mit meinen E-Mails um. Ich werde mir frühzeitig über meine Bitte klar und welche Information der andere haben muss, um sie erfüllen zu wollen. Wie immer erhöht diese Vorgehensweise die Effizienz meiner Kommunikation. Ich brauche viel weniger Worte, von denen ich glaube, dass sie gern gehört werden. Auch ich weiß Knappheit zu schätzen, wenn ich solche Nachrichten abhöre. Ich bitte auch in einer Voice-Mail ganz anders um Informationen, wenn ich vorausdenke. Meist äußere ich meine Bitte ganz am Anfang und liefere dann genügend Informationen, die es dem anderen erleichtern, sie erfüllen zu wollen. Benötige ich beispielsweise von einem Kollegen Informationen für einen Antrag, an dem wir gemeinsam arbeiten, kann meine Nachricht so lauten: „Würden Sie mich bitte noch im Laufe dieses Tages zurückrufen, um mir die Information .... zukommen zu lassen, damit ich unseren Antrag fertigstellen kann?"

Bewertungen

Viele Menschen haben es in ihrem Arbeitsleben mit Bewertungen zu tun, sei es, dass sie selbst bewertet werden oder dass sie als Führungskraft die Arbeit ihrer Mitarbeiter bewerten müssen. Die meisten Bewertungen werden anhand einer Skala getroffen, auf der eine Reihe von Beurteilungen oder Eigenschaften aufgelistet sind wie Kommunikationsfähigkeit, Teamfähigkeit, Schnelligkeit bei der Erledigung von Aufgaben und Arbeitsqualität. Die meisten Bewertungsgespräche, die ich erlebt habe, waren von Natur aus verurteilend, auch wenn angeblich nur neutrale Begriffe verwendet werden. Das macht es nur noch schwieriger zu wissen, wie man antworten oder was man mit den Informationen anfangen soll. Bewertungen lösen oft komplexe Gefühle aus, verbunden mit Bedürfnissen von Nachhaltigkeit und Kompetenz und dem Wunsch, verstanden und akzeptiert zu werden. Sollten Sie das Bewertungssystem an Ihrem Arbeitsplatz nicht ändern können, stellt sich die Frage, wie man dennoch die Bewertungen zufriedenstellender und hilfreicher gestalten kann.

Da Bewertungen immer Beurteilungen über die Handlungen eines Menschen sind, ist der Schlüssel dazu, sie nutzbringender und weniger problematisch zu gestalten, sie mit *Beobachtungen* zu verbinden. Wenn Sie die Arbeit eines anderen bewerten müssen, können Sie in Beobachtungssprache aus jedem zu bewertenden Bereich Beispiele geben. Wenn Sie zum Beispiel jemanden für seine Arbeit im Team hoch bewertet haben, könnten Sie ihm bestimmte Situationen schildern, in denen Sie ihn auf eine Art mit anderen arbeiten gesehen haben, die Ihnen gefiel. Sollten Sie jemanden für seine Schnelligkeit und die Erledigung von Aufgaben niedriger bewertet haben, dann könnten Sie ihn darauf aufmerksam machen, dass er im letzten Quartal seine Berichte dreimal später als zum vereinbarten Termin abgegeben hat. Wenn Sie diese Beobachtung schildern, können Sie sie direkt mit Bedürfnissen verbinden und eine bestimmte Bitte äußern, die in diesem Bereich für Verbesserung sorgt.

Wenn jemand anders Sie bewertet, können Sie Ihre Fähigkeit einsetzen, indem Sie nach den Beobachtungen fragen, die zu der vorliegenden Bewertung geführt haben. Wenn Sie sich nicht sicher sind, welche Bedürfnisse Sie mit einigen der Bewertungskategorien erfüllt haben oder nicht, können Sie eine Diskussion darüber anregen. Wichtig ist, dass in diesem Prozess das Bewertungsschema in Beobachtungen sowie befriedigte oder unbefriedigte Bedürfnisse übersetzt wird. Und wenn Ihr Bewerter Verbesserungen wünscht, ohne zu wissen, wie er die Bitten vortragen soll, können Sie ihm wieder helfen, seine Vorschläge in erfüllbare konkrete Wünsche zu übersetzen.

Klatsch und Tratsch

Klatsch und Tratsch sind leider häufige Erscheinungen am Arbeitsplatz. Man trifft sich an der Kaffeemaschine oder in der Personalküche, senkt die Stimme, um einen kleinen Leckerbissen weiterzugeben, den man gehört hat, oder um eine gehörte Geschichte weiterzuerzählen. Klatsch ist in vielen Firmen eine soziale Norm und ihn zu vermeiden kann schwierig sein. Dennoch ist das für den Buddhisten aus Sicht der Rechten Sprache und der Yoga-Lehren von *Satya* sehr wichtig.

Mir hilft es, wenn ich herausfinde, was wirklich in jemandem vor sich geht, der tratscht. Ich kenne zwei verschiedene Arten von Klatsch, die bestimmte Zwecke verfolgen. Eine dient als Mechanismus zur Entwicklung eines geteilten Normenbündels. Wir erzählen über andere Geschichten, die voll sind mit unseren Urteilen über deren Verhalten, und erhoffen uns Zustimmung von denjenigen, denen wir die Geschichten erzählen, oder wir wollen sehen, ob diese unsere Normen teilen.

Bei der anderen Art von Klatsch erzählen wir eine Geschichte von uns selbst, um unser Bedürfnis nach Empathie zu befriedigen. Es ist die Geschichte einer Begegnung mit einer anderen Person, die wegen unserer Urteile über deren Verhalten unbefriedigend war. Wir suchen einen Zuhörer, der uns recht gibt und die andere Person genauso verurteilt. Die hier zugrunde liegende Dynamik ist unser Wunsch, dass unser Unbehagen verstanden und unser Kummer gesehen wird. Wenn der Zuhörer unserer Bewertung zustimmt, bekommen wir eine Art Second-hand-Empathie, die nicht wirklich befriedigend ist.

Wir können natürlich Klatsch und Tratsch vermeiden, indem wir uns nicht daran beteiligen, und auch dadurch, wie wir auf andere reagieren, die uns gegenüber tratschen. Wir brauchen ja dem Tratsch keine weitere Nahrung zu geben, wenn wir gebeten werden, eine Geschichte weiterzuerzählen. Wir sollten lieber unsere Motivation prüfen, uns selbst Empathie geben und dann entscheiden, wie wir damit umgehen. Wenn wir das Bedürfnis haben, jemand anderem eine unserer schmerzhaften Erfahrungen zu erzählen, dann können wir erkennen, dass wir Empathie suchen und dann einen anderen Weg einschlagen, sie zu bekommen. Wir bekommen sie entweder durch Selbst-Empathie oder in der Zusammenarbeit mit einem GFK-Partner. Wenn dieses Bedürfnis befriedigt ist, laufen wir nicht mehr Gefahr, in Tratsch hineingezogen zu werden.

Schwieriger kann es sein, richtig zu reagieren, wenn andere uns Klatsch zutragen. Manchmal machen wir einfach mit, weil wir nicht wissen, wie wir uns dem entziehen können oder wie wir reagieren sollen. Aus der Sicht der Rechten Sprache und der GFK können wir jedoch auf die Absicht dahinter hören, den Tratschenden weiter beobachten und nach seinen Gefühlen und Bedürfnissen suchen. Nennt er

jemanden einen Trottel, weil der ihn schlecht behandelt hat, sollten wir diese Verurteilung nicht unterstützen, sondern fragen, wodurch sie ausgelöst wurde. Wenn wir
diese Vorgänge erfahren und „beobachten", können wir vermuten, welche Gefühle
und Bedürfnisse die Auslöser waren. Vielleicht hat der Tratschende sich geärgert,
weil sein Bedürfnis nach Respekt nicht befriedigt wurde. Wir können ihm helfen,
mehr Empathie zu bekommen, ohne auf seine Verurteilungen einzugehen. Wenn
andererseits der Tratschende geteilte Normen setzen will und eine Geschichte über
einen Mitarbeiter erzählt, kann ich vermuten, dass er ein Bedürfnis nach Verbindung hat. Ob ich diese Vermutung laut oder still in meinem Kopf anstelle, indem
ich ihm Empathie gebe, in jedem Fall handle ich in Übereinstimmung mit meiner
Vorstellung von Rechter Sprache und *Satya*.

Übungen zur Anwendung Gewaltfreier Kommunikation

E-Mail und Telefon

···⟩ Suchen Sie sich zwei oder drei neuere E-Mails heraus, die Sie bekommen haben. Lesen Sie sie sorgfältig durch und achten dabei auf Beobachtungen, Gefühle, Bedürfnisse und Bitten. Schreiben Sie Antworten, die diese vier Komponenten berücksichtigen, und schreiben Sie das gleiche noch einmal in normaler Umgangssprache, ohne die Komponenten außer Acht zu lassen.

···⟩ Bevor Sie ein Telefongespräch beginnen, überlegen Sie genau, was Sie von dem anderen wollen und welche Informationen derjenige braucht, um Ihnen Ihre Bitte zu erfüllen – sei es, Sie erreichen ihn direkt, sei es, Sie sprechen auf seine Mailbox. Sie werden erleben, dass Sie Ihre Bitte kurz und bündig vortragen können.

Klatsch und Tratsch

···⟩ Erinnern Sie sich an eine Begebenheit, bei der Sie geneigt waren, sich an Klatsch und Tratsch am Arbeitsplatz zu beteiligen. Welche Gefühle und Bedürfnisse kommen dabei heute in Ihnen auf? Welche Gefühle und Bedürfnisse, glauben Sie, ließen Sie damals so handeln?

···⟩ Achten Sie darauf, wenn das nächste Mal jemand am Arbeitsplatz versucht, Sie in einen Tratsch hineinzuziehen, oder Sie Zeuge von Tratsch werden. Geben Sie dem Tratschenden stille Empathie.

9. Gespräche in der Welt

Wer die Musik nicht hört, hält die Tanzenden für verrückt.

Am 12. September 2001 hatten Ike und ich unsere regelmäßig angesetzte GFK-Übungsgruppe in unserem Haus. Alle Teilnehmer kamen, wenn auch mit sehr unterschiedlichen Gefühlen wie Wut, Angst, Trauer, Schock, Verletzung und Frustration. Ich war wütend über das Geschehen vom Vortag und gab kund, dass ich nicht verstand, warum das passierte. Unser Gruppenleiter schlug vor, dass Ike die Rolle von Osama bin Laden spielen und ich ihm Empathie geben sollte. Bei diesem Versuch konzentrierte ich mich auf die Vermutung, warum Bin Laden die Strategie gewählt hatte, die er am 11. September in die Tat umgesetzt hatte.

Die von mir bei ihm vermuteten Bedürfnisse – nach Macht und Respekt vor seiner Religion – habe ich auch, und als mir das klar wurde, fühlte ich meinen Ärger verschwinden und Mitgefühl in mir aufkommen. Auf dieser Ebene von Bedürfnissen konnte ich mich mit einem anderen Menschen verbinden, auch wenn ich mit seinen Handlungen überhaupt nicht einverstanden war. Bitte verstehen Sie mich nicht falsch. Meine Meinung damals war dieselbe, die ich auch heute noch habe: Die von Osama bin Laden gewählte Strategie war und ist unannehmbar. Er sollte für diese Entscheidung zur Rechenschaft gezogen werden und den Rest seines Lebens im Gefängnis verbringen. Aber ich entdeckte, dass ich diese Meinung haben kann, *ohne ihn zu hassen.*

Ich verstand, wäre ich genauso wie er, würde ich ihn hassen, ihn, der meinen Glauben und meine Kultur hasste. Buddha drückt das am besten aus: Hass kann nie Hass vertreiben; nur Liebe kann Hass vertreiben. Die Ironie dahinter war, wenn ich bin Laden hasste, dann trug ich zum Leiden in der Welt bei, obwohl ich mich doch verpflichtet hatte, diese Welt zu verbessern.

Vor einigen Jahren konnten wir erleben, wie viel Kraft bewusste Sprache in der Welt hat. An einem Sonntag gingen Ike und ich mit einer langjährigen Freundin zur Kirche in der Nachbarschaft. Vor der Kirche bettelten einige Menschen die Passanten um Geld an und einer von ihnen kam auf Ike zu. Dieser Mann war genauso groß wie er (etwa 1,98 m) und benahm sich auf eine Weise, die wir für aggressiv hielten.

Ike und ich hatten uns oft darüber unterhalten, was wir in einem solchen Fall tun würden. Gemäß unserer Vereinbarung nahm ich unsere 1,30 m große Freundin und ging mit ihr auf die andere Straßenseite, damit Ike sich um den Mann kümmern konnte, ohne sich um uns sorgen zu müssen. Dann drehte ich mich schnell um, um zu sehen, was geschah, während ich die Nummer der Polizei in mein Handy eingab, ohne sie jedoch anzurufen. Ich konnte zwar nicht hören, was gesprochen wurde, wohl aber die Körpersprache der beiden Männer beobachten.

Der Mann lehnte sich zu Ike und war auf Augenhöhe mit ihm, als er, wie ich später erfuhr, Geld forderte. Ike gibt Bettlern auf der Straße regelmäßig Geld, aber er erinnert sich daran, dass er diesem Mann kein Geld geben wollte, weil er eine „fordernde" Energie hatte, wie er sie interpretierte, was ihn wiederum daran erinnerte, dass sein Werkzeug GFK war. Ike sagte dem Mann etwas wie: „Ich fühle mich ängstlich, wenn Sie mir so nahe kommen. Würden Sie bitte einen Schritt zurückgehen?" Der Mann ging zurück und wiederholte seine Forderung, wobei er seine geballte Faust in Taillenhöhe vorschob. Als Antwort fing Ike an, dem Mann Empathie zu geben für das von ihm vermutete Bedürfnis, respektiert und gesehen und gehört zu werden. Nach dieser zweiten Runde, ging der Mann einen zweiten Schritt zurück.

Seine dritte Forderung nach Geld traf auf noch mehr Empathie und er zog sich noch weiter zurück, bis er in der Yoga-Stellung Tadasana (Bergstellung) einnahm, was bedeutete, dass er voller Bewusstsein in einer perfekten senkrechten Linie stand. Als ich das sah, klappte ich mein Handy zu, denn meine Angst um Ike schmolz dahin. Wenn jemand in Tadasana zentriert ist, kann er keine Aggression mehr spüren. Er ist ganz in der Gegenwart.

Ike gab dem Mann einen vierten Schub von Empathie, worauf dieser sich vorbeugte und seinen Kopf auf Ikes Schulter legte. Er hatte Tränen in den Augen. Erst da bot Ike ihm Geld an. Jetzt, wo er nicht mehr dazu gezwungen wurde, war es seine eigene Entscheidung, Geld zu geben, und so schienen die Bedürfnisse beider Männer befriedigt zu werden.

Diese Interaktion hatte als eine gewalttätige Situation begonnen und innerhalb weniger Minuten mit Verbindung und Mitgefühl geendet. Dieser Vorfall zementierte in mir meine Hingabe für das Lernen und Anwenden mitfühlender Kommunikation mit mir, meiner Familie und der Welt. Ike und ich erinnern uns immer noch voller Dankbarkeit an dieses Ereignis.

Feiern und Bedauern

Einer der wichtigsten Aspekte bei der Anwendung von GFK in der Welt ist das bewusste Bedauern. Viel zu oft schimpfen wir mit uns selbst, wenn wir etwas getan oder gesagt haben, was wir später bedauern. Diese Energie geht nicht verloren. Sie ergießt sich in die Welt und in unsere Arbeit.

GFK schlägt vor, dass Sie es auf die folgende Weise bedauern, wenn Ihnen bewusst ist, dass Sie etwas getan haben, was Ihnen nicht gefällt, oder wenn Sie das Gefühl haben, zum Leid eines Menschen beigetragen zu haben: Sie geben sich selbst Empathie für das, was Sie gesagt oder getan haben. Benutzen Sie die Übungssätze für die Beobachtung, die Gefühle und die Bedürfnisse und vermuten Sie, welche Bedürfnisse Sie mit der von Ihnen gewählten Strategie zu erfüllen versucht haben.

Dann möchten Sie sich vielleicht wie folgt an die betroffene Person oder Gruppe wenden: „Wenn ich daran denke, was ich gestern gesagt habe, dann fühle ich mich traurig und unbehaglich, weil mein Bedürfnis, zu Ihrem Wohlbefinden (oder dem Wohlbefinden der Welt) beizutragen, nicht erfüllt wurde." Vielleicht möchten Sie noch hinzufügen: „Ich möchte mich gerne dazu verpflichten, es das nächste Mal besser zu machen." Wie immer folgt auf diese Feststellung eine bestimmte Bitte.

Wenn Sie auf diese oder ähnliche Weise verkünden, was in Ihnen lebendig ist, dann müssen Sie sich nicht schuldig fühlen oder sich selbst bestrafen. Erkennen Sie lieber an, was Sie getan haben und welche Konsequenzen sich daraus ergeben haben, und seien dabei bereit, es das nächste Mal anders zu machen. Eins meiner Lieblingsmantras, das ich spreche, nachdem ich mit GFK bedauert habe, lautet: Wie menschlich bin ich doch! Wenn ich mir dies sage, fällt es mir leicht, mich daran zu erinnern, mir Mitgefühl und Vergebung zu geben.

Andererseits vergessen wir oft, unsere Siege zu feiern, sei es allein oder mit der Familie oder in einer Gruppe. Feiern macht so viel Spaß. Wenn Sie mit Bewusstheit feiern, kann sich das so anhören: „Wenn ich daran denke, zu welch gutem Ende die im Meeting getroffene Entscheidung geführt hat, dann bin ich glücklich, weil meine Bedürfnisse nach Zusammenarbeit und Verbindung erfüllt wurden." Ich fände es sogar noch besser, wenn Sie anfingen mit: „Ich möchte gerne feiern, was gerade passiert ist." Dann teilen Sie Ihre Beobachtungen, Gefühle und erfüllten Bedürfnisse mit. Sie werden staunen, wie gerne die Leute feiern, statt sich Prahlereien anzuhören, und wie oft und aufrichtig sie Ihr Bedauern entgegennehmen, wenn Sie nicht nur sagen „Es tut mir leid".

Wir glauben beide, dass Bedauern und Feiern wichtige Komponenten sind, die helfen, GFK in der Welt zu verbreiten. Wenn Sie Bedauern und Feiern mit anderen
teilen, verbindet Sie das miteinander und es tut Ihrer Seele gut, wenn die Arbeit für
soziale Veränderung zu viel wird.

GFK-Bewusstsein in die Welt bringen

Wenn wir mit GFK eine soziale Veränderung in der Welt bewirken wollen, ist das sicherlich eine der anspruchsvollsten Aufgaben, für die wir dieses Modell benutzen können. Obwohl diese Arbeit äußerst wichtig ist, kann sie anstrengend und sehr ermüdend sein. Darum braucht man einerseits regelmäßig Empathie und – wie wir glauben – regelmäßige ausgleichende Übungen wie Meditation oder Yoga, um Körper, Seele und Geist zu erfrischen.

Manchmal werden wir hin- und hergezogen zwischen den unvereinbaren Bedürfnissen, einerseits zum Wohl der Welt beizutragen und andererseits uns selbst vor dem Kummer zu schützen, wenn wir dabei versagen. Es gibt eine Geschichte, die diese Zwickmühle verdeutlicht. Das erste Mal hörte ich sie in einem Workshop mit Marshall Rosenberg: Ein Mann stand am Ufer eines Flusses und sah ein Baby vorbeifließen. Eilig zog er es heraus, um es in Sicherheit zu bringen. Dabei sah er noch eins und noch eins, bis der Fluss voller Babys war, die in den sicheren Tod davonflossen. Der Mann war hin- und hergerissen zwischen der Notwendigkeit, so viele Babys wie möglich zu retten, und seinem Wunsch, flussaufwärts zu laufen, um zu sehen, wer all diese Babys in den Fluss warf, und das Problem an der Wurzel zu lösen. Diese Geschichte verdeutlicht das Dilemma, in dem sich viele Menschen befinden: Helfe ich meinem direkten Nächsten oder arbeite ich daran, das System zu ändern, das sein Leid verursacht?

Diese Frage ist nicht einfach zu beantworten, zumal wir glauben, beides tun zu können. Um eine Welt zu erschaffen, in der wir leben wollen und die wir den nächsten Generationen hinterlassen, müssen wir den leidenden Menschen aus unserer Umgebung helfen und dabei mit uns selbst beginnen. Außerdem müssen wir dazu beitragen, die Meinungen und Systeme zu verändern, die das Leid tatsächlich erst erschaffen. Wo und wie wir auch entscheiden, unsere Energie einzusetzen, in jedem Fall werden unsere Handlungen wirkungsvoller, wenn wir mit Selbst-Bewusstsein beginnen. Spirituelle Sprache ist ein gutes Instrument, dieses Bewusstsein zu entwickeln. Sie macht uns viel Hoffnung und wir hoffen, Ihnen auch.

Übungen zur Anwendung Gewaltfreier Kommunikation

Bedauern

⋯⋗ Denken Sie an etwas, was Sie in den letzten Wochen gesagt oder getan haben und was Sie jetzt bedauern. Geben Sie sich selbst stille Empathie für die Bedürfnisse, die sie glaubten befriedigen zu können, als Sie diese Strategie wählten. Vielleicht müssen Sie das mehr als nur einmal tun.

⋯⋗ Wenn Sie sich selbst Empathie gegeben haben, sprechen Sie mit dem Betroffenen und drücken Sie ihm Ihr Bedauern aus. Sagen Sie ihm, was Sie fühlen, wenn Sie an die Begebenheit denken, und achten Sie darauf hinzufügen, dass Sie es das nächste Mal besser machen werden.

Feiern

⋯⋗ Denken Sie an etwas, was Sie in den letzten Wochen gesagt oder getan haben und was Sie jetzt feiern wollen. Suchen Sie einen geliebten Menschen oder Freund auf und sprechen diesen Wunsch aus. Achten Sie darauf, dass Sie dabei von Ihren Beobachtungen, Gefühlen und Bedürfnissen erzählen.

⋯⋗ Bitten Sie einen Freund oder einen geliebten Menschen, Sie an einer ihrer Feiern teilnehmen zu lassen, und geben ihnen Empathie für die Bedürfnisse, die erfüllt wurden.